KNOW THYSELF

THE SCIENCE OF SELF-AWARENESS

高階覺察

幫助思考與學習的後設認知，更加理解自己與他人，
且能解釋未來的複雜決策。

STEPHEN M. FLEMING

史蒂芬・弗萊明——著

譯——李偉誠

目錄

序

想像一下：你最近胸痛，於是到醫院看診，想搞清楚是怎麼回事。做了一連串的血液檢測和掃描，一週後回診，和醫生一起看結果。你的病況好像很嚴重，醫生果斷建議你做心臟繞道手術。你問醫生，為何她覺得要動手術？她向你解釋了她的思考過程，也指出她的判斷有可能錯誤，並告知你判斷錯誤可能會有什麼後果，最後再次建議你接受手術。你會怎麼做呢？

現在想像另一個情境：你做了一連串的血液檢測和掃描，這次是人工智慧助理分析了檢查得出的數據，然後它很自信地表示，你的病況好像很嚴重，最好是做心臟繞道手術。你問醫生，真的有必要做手術嗎？她說不知道，因為她不曉得人工智慧給出的「開刀」建議是怎麼來的。她只能告訴你，根據過往經驗，AI在檢視完整檢測數據之後，做出的判斷會非常準確，所以最好相信它的判斷去動手術。你會怎麼做呢？

第一個情境之下的答案很清楚：如果醫生很有信心，而且有辦法說明理由，你大概會覺得應該要聽從她的建議。第二個情境就不是那麼明確了。很多人直覺認為，如果要讓其他人或機器代替我們做出高風險的決定，那麼對方至少要能夠講清楚「為什麼」要做出這樣的決定。而且，我們關於損害賠償、究責的法律架構，基礎都在於「找出行為人、行為人必須解釋他為何做出某個行為」。如果無法解釋原因，我們會變成只能盲目信任機器、盲目信任他人。

諷刺的是，有時候效率最高的機器學習演算法，卻常是最難解釋的。相較之下，我們人類總是對自己的所作所為充滿各種解釋，這樣的能力仰賴「自我覺察」（self-awareness），也就是**人類心靈對自身進行思考、瞭解的能力，包括瞭解心靈是如何記憶、感知、做決定、思考和感受**。

心理學家對自我覺察有一個特別的稱呼：**後設認知**（meta-cognition），希臘文中的 meta 有「在後」或「超越」之意，因此，後設認知一詞意即思考「思考」這件事的能力。後設認知是人類心靈一種精巧、美麗又十分詭異的特徵，數世紀以來讓科學家和哲學家為之著迷。林奈（Carl Linnaeus）在他一七三五年的名作《自然系統》（Systema Naturae）中悉心記錄上千物種的外觀特徵，唯獨在人屬（Homo）這個條目之下，因為林奈對人類後設認知的這項能力深感著迷，他僅僅用拉丁文寫下了一行的描述：「Nosce te ipsum」，也就是「認識自己的人」。[1]

身而為人，必然有過自我覺察（或自我意識）的經驗。假設有一位叫作小珍的學生正在準備工程學考試，此時她的腦海裡會是什麼模樣？肯定會有一大堆她必須精通和理解的事實和公式，但她同時也在思考（雖然她可能沒有察覺）：要怎麼唸書？要什麼時候唸書？要念什麼？要去熱鬧的咖啡店，還是安靜的圖書館唸書？複習筆記還是練習題目的效果比較好？該不該先結束某個主題，換下一個唸？還是，乾脆不要唸書，跟朋友出去玩算了？

小珍必須做出正確的決定，才能取得學業上的成功，她可不想自以為準備充分，考試時卻一知半解，也不想誤信不可靠的學習策略。但是，沒有人能為她解決這些問題，她必須仰賴她對自己學習方式的自我意識。

我們「反思自身」的這種能力不只能應用在考場。作家、自由潛水員詹姆斯・內斯特（James Nestor）在他的書《深潛》（Deep）中，記述他到希臘和巴哈馬群島報導自由潛水競賽的故事。這類競賽的目標只有一個：參賽者只能靠著吸一口氣，潛得比所有對手深。要證明自己潛到了某個深度，參賽者必須從水底拿回刻有數字的牌子。如果參賽者出水之後昏過去，那他這次潛水就會被判定無效。專業自由潛水員要成功，就必須非常瞭解自己的能力能潛到多深，同時要避免受傷，甚至死亡。稍微對自己缺乏信心會導致表現不佳，而稍微過度自信則可能致命。難怪自由潛水員的訓練有很大一部分，都是在陸地上針對他們在水中的能力與限制進行心理上的探索。[2]

英國益智問答節目《誰想成為百萬富翁？》（Who Wants to Be a Millionaire?）首位贏得大獎的參賽者茱蒂・凱柏（Judith Keppel）是另一個例子。節目中參賽者每次回答問題後，都會被問到是否確定自己的答案，以及是否要冒著失去目前獎金的風險，挑戰更高額的獎金，還是帶走目前已經贏得的獎金就好。

選擇繼續答題的風險很高：答錯則目前累積的獎金都沒了。而茱蒂已經累積到五十萬英鎊的獎金了。她最著名的一場賽事，被問到的題目是：「哪個英國國王，與亞奎丹的艾莉諾（Eleanor of Aquitaine）結婚？」茱蒂與主持人討論了一下，決定她的答案是亨利二世。接著主持人拿出殺手鐧，一個讓所有參賽者最痛苦的問題：「你確定嗎？」

面對這個問題，關鍵依舊取決於自我覺察：你會想要知道自己正確回答的可能性是高還是低。茱蒂選擇了相信自己，最後成為了節目史上第一個贏得最大獎的參賽者。

小珍、詹姆斯和茱蒂三人的故事有一個共通點：他們的成敗都與「正確的自我覺察」有關。我們若要瞭解後設認知的力量，不妨這樣想：如果他們的自我覺察錯誤的話，會發生什麼事。小珍可能覺得流體力學太簡單了，就算跳過這個章節不讀也不會影響成績，但事實可能不然，這樣的後設認知錯誤會導致她考試不及格（即使她再聰穎、勤奮也一樣）。在茱蒂的例子中，可能出現的後設認知錯誤有兩種：她知道答案卻以為自己不知道——錯失成為百萬富翁的機會；她過度自信，篤定自己錯誤的答案是對的——結果失去所有獎金。而在詹姆斯的例子中，過度自信的結果可能攸關生死。要是他覺得自己有辦法潛到能力範圍之外的深度，就會成為希臘神話裡命喪大海的伊卡洛斯（Icarus），在一切太遲之際才發現自己鑄成大錯。

我們常忽視「後設認知」的力量，會為人生帶來多大的影響（包括正面或負面）。相較於解決問題、運動或記得歷史事件的能力，擁有良好的自我覺察，似乎不太重要。對多數人而言，後設認知就像交響樂團的指揮家，只是偶爾介入敦促或指引樂手前往正確（或錯誤）的方向，且這位指揮使用的方法，往往在當下難以察覺或沒受到重視。如果指揮家不在，交響樂團還是能演奏，就像小珍、詹姆斯和茱蒂如果暫時少了自我覺察，依然能持續苦讀、潛水、回答問題。但優秀的指揮家可以造就例行性排練與世界級演出之間的差別，正如後設認知的些微影響，可以造就成與敗、生與死的差別。

自我覺察常被忽略的另一個原因，是因為過去認為它難以衡量、定義和研究，但現在不同了，神經科學的新發展——後設認知神經科學——正在揭開人類心智如何對自身進行反思的神秘面紗。科學家正在結合創新的試驗和最新的腦部成像技術，使我們越來越瞭解「自我覺察」在認知過程和生理過程的運作方式。後設認知的科學，即將帶領我們更深入地認識我們自己。[3]

建立自我意識的科學

很早以前我就對自我覺察很有興趣，喜歡閱讀關於大腦和心智的書籍。記得有年暑假我正在游泳池畔閱讀相關書籍，偶爾抬起頭來展開思考漫遊：為什麼我腦細胞的活動，能讓我體驗到「游泳池水面的波光粼粼」這麼獨特的感受呢？而同樣這一個大腦，為什麼可以讓我同時思考「大腦神秘的運作」呢？具有意識，這是一回事；但「我知道我具有意識、且正在思考我的自我意識」，這又是完全不同的另一回事了。想到這裡我就開始頭昏腦脹。

現在的我在倫敦大學學院（University College London）主持一間專門研究自我意識的神經科學實驗室。我的團隊在倫敦女王廣場附近的「惠康人類神經影像中心（Wellcome Centre for Human Neuroimaging）」裡面工作。[4]這棟建築物的地下室有大型的腦部成像機器，用來研究心靈和腦部的不同層面運作：我們如何觀看、聆聽、記憶、說話、做決策等。我的實驗室團隊專門研究大腦自我覺察的能力。人類的生理構造竟然能允許大腦對自身進行思索，讓我覺得很神奇。

然而，不久以前的人們還把這些視為無稽之談。十九世紀法國哲學家孔德（Auguste Comte）說：「思考的個體無法將自己一分為二，其中一半進行思考，另外一半旁觀。如果有辦法，思考和觀察的會是同一個大腦，如此一來大腦怎麼可能做出任何觀察呢？」[5]換句話說，同一個大腦怎麼有辦法對自身進行思考呢？

孔德的論點，頗符合當時的科學觀。啟蒙運動後，歐洲認為自我意識是獨一無二的，無法以科學研究。西方哲學家把「反思自身」當作哲學工具，笛卡兒（René Descartes）就是透過反思自身得出他知名的論點：「我思，故我在。」他也意識到「我清楚瞭解，沒有比我自己的心靈更能為我輕易、清晰地感知到的事物了」。笛卡兒提出，中心靈魂主導著思想和理性，指揮身體代替我們行事。靈魂無法一分為二，是純粹的存在。因此，自我意識是神秘、無法定義的，也無法以科學參透。[6]

現在我們知道孔德錯了。人腦並非單一、無法劃分的器官，而是由數兆微小元件（神經元）組成，每一個神經元都有電活動發生，組成複雜程度難以想像的線路。我們所有的心智活動，都在神經元的互動之間生生滅滅：思想與感受，希望與夢想。

這些線路的連結糾纏並非毫無意義，並非缺乏結構。相反地，它們將大腦劃分成不同的區域，各區域有其專職的運算功能。城市地圖不一定要涵蓋每一棟房子才派得上用場，我們也能透過區域的尺度瞭解人腦不同區域之間相互合作的概況，無須專注在個別腦細胞。大腦皮質的某些區塊與感官輸入來源（例如眼睛）比較接近，某些區域則位於感官處理鏈的較上層。舉例來說，某些區域主要與視覺相關（位於大腦後端的視覺皮質），某些與處理聲音有關（聽覺皮質），某些與儲存和提取記憶有關（例如海馬迴）。

一八六五年，英國哲學家彌爾（John Stuart Mill）為了回應孔德的看法，指出「自我覺察可能來自單一大腦內不同過程間的互動，因此可以由科學加以研究」。現在，多虧強大的腦部成像技術，例如功能性磁振造影（functional magnetic resonance imaging, fMRI），我們知道人在反思自身時，特定的大腦網絡會格外活躍，如果這些網絡受損或生病，可能會造成自我覺察嚴重受損。[7]

更好地認識自己

我常覺得，要不是人類今日對自我意識的能力已經非常熟悉，我們肯定會因為大腦竟然具備這種魔術般的能力，而感到瞠目結舌。想像你是一名科學家，抵達遙遠的星球，要研究上面的生命體，地球上的生物學家迫切地想要知道這些生命體的組成，以及他們為何長這樣子，但卻沒有人想到要直接問牠們！反之，如果有火星人拜訪地球，他們只要學點英語、西班牙語或法語，就可以問我們這些問題。火星人可能會很震驚，我們竟然能告訴他們記憶、作夢、笑、哭、狂喜或後悔是什麼感覺，而這都要歸功於我們擁有自我覺察。[8]

人類之所以演化出自我覺察，並不只是為了讓我們能告訴彼此（可能還有來自火星的訪客）我們的想法和感受，自我意識同時決定了我們對這個世界的體驗方式。我們不只能感知周遭的環境，還能思索夕陽的美、納悶我們的視線是否模糊、自問感官是否受到錯覺或魔術的愚弄。我們不只能決定是否接受新工作、要和誰結婚，也能思考自己做的決定是好是壞。我們不只能回想兒時記憶，也能懷疑記憶是否出錯。

正因為有了自我覺察，我們也能理解到：別人的心智與我們類似。擁有自我覺察的我可以問：「我覺得某某人事物如何？」以及同樣重要的另一個問題：「他人覺得某某人事物如何？」如果我們欠缺「思考他人心智，並將他人心智與自身比較」的能力，那麼文學小說就會失去魅力。沒有自我覺察，有組織的教育就不會存在，我們將無從得知誰需要學習，我們是否有能力教導他們。自我覺察是人類文明蓬勃發展的催化劑，作家納博科夫（Vladimir Nabokov）精準地捕捉到這一點：

> 意識到自己的存在，並意識到自己意識到自己的存在。換句話說，我不僅知道自己存在，也知道我知道自己存在這件事，這樣的我才算是人類這個物種。然後才有其餘的一切：思想的光輝、詩、對宇宙的觀點。這麼說來，猿類與人類之間的差距，遠大於變形蟲與猿類之間的差距。[9]

自我覺察有這麼多的好處，難怪長期以來人們認為培養自我覺察是一種明智、高尚的目標。柏拉圖對話錄的《卡爾米德篇》（Charmides）中，蘇格拉底剛打完伯羅奔尼撒戰爭返鄉，在回家的路上，他詢問男孩卡爾米德是否已經瞭解sophrosyne（希臘文「中庸」或「節制」的意思）的意義，瞭解充實人生的要素。男孩的親戚克里提亞斯（Critias）回答，中庸之道不難，關鍵就在自我覺察。蘇格拉底總結他的論點：「唯有智慧、中庸的人才能瞭解自己、有能力檢視他知道、不知道什麼……其他人辦不到。」[10]

同樣地，古希臘人追求的是希臘德爾非神殿上顯眼的銘文「認識自己」（Know Thyself）。對他們而言，自我覺察需要持續的修練，是他們追求的目標。同樣的觀點也可見於中世紀的宗教傳統，例如義大利哲學家阿奎那（Saint Thomas Aquinas）認為，上帝本來就瞭解自己，但我們人類必須花費時間心力去瞭解自己的心靈。阿奎那和他的僧侶們經常進行長達數小時的無語沉思，他們相信唯有一同反思自身，才有辦法貼近上帝的形象。[11]

東方傳統中也有這種追求認識自己的概念。覺悟是在精神上追求化解自我，使人對當下的心靈狀態有更透明直接的瞭解。老子的這段話同樣描述自我覺察是生而為人的最高追求：「知不知，上；不知知，病。」[12]

現代各式各樣的網站、部落格、勵志書籍鼓勵我們「尋找自己」、自我覺察。這些工具立意良善，但是，經常有人鼓勵我們自我覺察，卻很少有人關注自我覺察的實際運作方式。我覺得這很奇怪，就像是鼓勵不懂引擎的人自己修理汽車，或是鼓勵不知道該鍛鍊哪些肌肉的人上健身房。本書的目的就是填補知與行之間的空缺，透過心理學、資訊科學和神經科學的最新研究，帶領讀者認識自我覺察的組成要素。當我們瞭解自我覺察的運作方式，才能如古代雅典人所說的，更加認識自己。

我也希望本書能幫助我們更加善用機器，包括今天已經存在的，以及未來會出現的機器。今天我們被迫面對許多複雜系統，做出許多我們無法理解的決定，正如本書開頭假設的情境：醫院裡的人工智慧要求你開刀，原因卻無從解釋。我們周遭充滿了智慧、卻不具「意識」的演算法，從氣候預報模型到自動金融交易員，還有更多類似的工具，正在滲透進入我們生活的各層面。很多情況中，這些演算法讓我們的生活更便利、更有生產力，當我們面對氣候變遷等巨大挑戰時不可或缺。但是把工作丟給「聰明卻原理不明的黑盒子」，將會限制了人類的自主性。若少了後設認知，許多決策背後的原因以及達成的方式都無從理解，我們只能被迫盲目遵從演算法的建議。就像哲學家丹尼爾・丹尼特（Daniel Dennett）指出的：「我認為真正的危險並不是更聰明的機器取代我們成為決定命運的主宰，而是我們會高估最新思考工具的理解能力，因此過早地將超出它們能力範圍的權利讓渡出去。」[13]我們將會看到，自我覺察的科學能帶給我們不一樣的未來，確保我們對自身或是機器能力的認知會是我們優先關注的焦點。

本書重點

本書最重要的論點就是，自我覺察來自大腦中特定的演算法。本書第一篇將介紹這些演算法的運作。我們會看到，支援後設認知的神經迴路並非憑空出現，而是來自人腦演化出的功能。這意味著，許多後設認知的組成要素也出現在其他物種當中，並且在人類發展早期就已經成形。我們將會討論形成自我監控（self-monitoring）組成要素的無意識過程，以及使我們得以覺察當下體驗的有意識過程。你將會發現，當我們談論自我覺察時，我們談的其實是各種不同能力的集合（例如知道自己的錯誤、談論自身經驗的能力）的集合，這些能力結合在一起時，就會形成人類的自我覺察。[14]

讀完第一篇，我們會瞭解各種關鍵元件是如何組合出功能完整的自我覺察。我們也將更瞭解，這些組合過程有時為何出錯、如何出錯，導致自我覺察失能的疾病，例如思覺失調症、失智症等。

第二篇將會討論如何將自我覺察應用在學習、做決策、與他人合作等生活日常。若能瞭解自我覺察為何會扭曲、會如何扭曲，以及它強大與脆弱之處，我們就能避免它出錯。此部份還會探討生活中幾個重要面向，包括後設認知在目擊者證詞、政治、科學中扮演的關鍵角色，我們就能理解：為何「認識自己、理解他人如何認識他們自己」這兩件事，可以協助我們建立更公平美好的社會。我們會探討自我覺察如何幫助我們區分現實與想像，以及如何管理自我覺察，以便實現夢想。我們也會看到，有些時候因為缺乏自我覺察，我們人類往往會變得像黑盒子一樣，無法解釋自己的所作所為。

我們也會看到，儘管人類的自我覺察有其侷限，但依然是自主性與責任這兩種概念的基礎。我們會探討**自我覺察在教學雙方身上扮演的角色**，也會看到為什麼在體育競技中，運動員最好少一點自我覺察，而教練最好多一點自我覺察。我們會看到**數位科技如何以各種方式大幅扭曲我們對自己和他人的覺察方式**。我認為，在當今政治極化、假訊息氾濫的世界，培養反思、質疑自身信仰與觀點的能力，非常非常重要。我們會看到，即使是當今功能最強大的電腦也都缺乏後設認知的能力，而ＡＩ機器學習日益盛行，代表所謂的智慧演算法正快速成長，超越自我覺察演算法的發展。我們會討論**這個趨勢對社會的影響，以及可能的補救方式**——不管是創造具有自我覺察能力的電腦，或是確保我們有能力瞭解並使用自己建造的電腦。無論方法為何，這可能會是解決社會上最緊迫問題的關鍵。

讀完本書之後，希望你可以瞭解為什麼不管是在古代雅典還是今日亞馬遜公司的會議室裡，想要成功的人都必須培養自我覺察。但現在我們要先從最簡單的組成要素開始談起，去理解自我覺察的神秘運作。首先，讓我們來看看人類心靈運作的兩種功能：追蹤不確定性，以及監控自身行動。這兩種功能表面上看似簡單，卻是自我覺察不可或缺的要素。

01

打造自我覺察的心思

第一章
如何面對不確定性

思想的另一個來源，是對我們內在心靈運作的感知……儘管這並非感官，因為它與外部物體無關，卻非常類似，或許足以稱之為內在感官。

——約翰．洛克（John Locke），《人類理解論，第二冊》（Essay Concerning Human Understanding, Book II）

飛彈真的來襲了嗎？一九八三年九月的一個早晨，斯坦尼斯拉夫．彼卓夫（Stanislav Petrov）正面臨一個重大決定。他是蘇聯空軍中校，負責監看早期預警衛星。當時是美蘇冷戰高峰，雙方隨時可能發射長程核子飛彈。在那個命運的早晨，彼卓夫眼前的警報大作，告訴他有五顆美國飛彈正在飛往蘇聯，當時美蘇雙方的核武政策叫「保證互相毀滅」，因此他依職責必須立即向上級通報敵人來襲，以發動反擊。時間寶貴，再過二十五分鐘，飛彈即將在蘇聯領土引爆。[1]

但是彼卓夫判斷，此時的警報不太可能是真的飛彈來襲，他認為這是系統故障。對他而言，比起美國無來由突然發射飛彈啟動核子大戰，更可能的情況是衛星失能，雷達螢幕上的光點只是干擾，而非真實的訊號。經過數分鐘緊張的等待，事實證明他是對的：陽光在雲頂反射，被衛星誤判為飛掠大氣上方的飛彈，才引發這次誤報。

在彼卓夫的眼裡，世界並非黑白分明，他明白監控系統和他的感官存在著不確定性。這個地球因為他當年願意面對混沌與未知，願意質疑長官交付他的任務，才避免了一場大災難。本章中我們會看到，建立自我意識系統的關鍵要素，在於願意接受不確定性。人類的大腦非常善於追蹤不確定性，而不確定性在大腦中扮演的角色，甚至比彼卓夫面臨的高風險決策更為深層。如果我們無法估計不確定性，我們甚至完全無法感知這個世界。估計不確定性這項能力還有一個好處：讓我們可以用來懷疑自己。

什麼是逆推問題，該如何解決

彼卓夫的決定非常困難，因為他必須判斷什麼是真正的警告訊息，什麼是雜訊。雷達螢幕上相同的光點，可能是真正的飛彈，可能是系統中的雜訊，而光靠光點的特徵是分辨不出來的。這就是所謂的逆推問題（inverse problem）。之所以叫作逆推問題，是因為要解決這類問題，必須倒轉因果關係，並對我們接收到的資訊來源為何，做出最有可能的猜測。我們的大腦也是以相同的方式，不斷在解決逆推問題，因為我們並不確定世界真正的樣貌為何。

原因在於，大腦位在頭顱內，與外界的接觸僅限於由感官提供的低清晰度資訊。舉個簡單的例子，我們要在黑暗的房間裡判斷是否有光線一閃即逝：如果光線非常暗，可能會發生光沒閃、你以為有閃的情況。這是因為由眼睛和大腦構成的系統充滿雜訊，如果重複給予相同的刺激，則視覺皮質神經元的反應不會每次都相同。有時候就算光沒有閃，系統內的隨機雜訊還是會造成「有閃」的錯誤訊息，正如大氣雜訊引發彼卓夫雷達螢幕上的光點一樣。因為大腦無法分辨神經元高度活躍是由訊號還是雜訊造成，只要你的視覺皮質神經元高度活躍，你就會以為有光線閃過，即使事實上並沒有。[2]

我們的感官（觸覺、嗅覺、味覺、視覺和聽覺）所接觸到的，都只是充滿雜訊的片段現實，因此所有感官必須合作，才能對現實真正的樣貌做出最有可能的推測。就像盲人摸象的寓言一樣，摸到腿的人說大象像柱子，摸到尾巴的人說像繩子，摸到象鼻的人說像樹幹，摸到耳朵的人說像扇子，摸到肚子的人說像一面牆，摸到象牙的人說像實心管。最後，路過的陌生人告訴他們，每個人說的都沒錯，大象具備他們所說的每一項特徵，但是與其彼此爭吵，他們應該試著結合所有人的觀點。

數學中的貝氏定理（Bayes's theorem）是思考這類問題的好工具。下列這個遊戲可以幫助我們瞭解貝氏定理能如何幫助我們解決逆推問題：我有三顆骰子，其中兩顆是點數從1到6的正常骰子，第三顆則是道具骰子，又分兩種版本，其一是每面都0，其二是每面都3。

我在簾幕後同時擲這三顆骰子，並告訴你擲出的點數總和。每次擲骰子時，我都會使用一顆道具骰子（可能是每面都0的，也可能是每面都3的）。舉例來說，我第一次擲出2、4和0（道具骰子）三個點數，總和為6。你的任務是依據「點數總和」這項資訊，推測我選擇哪一款道具骰子：都是3的，或都是0的。[3]

在這個遊戲中，道具骰子點數是0或3代表世界上「隱藏」的狀態：以彼卓夫的例子而言，即飛彈真的發射了嗎，或者視覺皮質神經元接受到的是否是真正燈光閃爍的訊號。我們必須從接收到的、充滿雜訊的證據中（三個骰子的點數總和），想辦法推敲出隱藏的狀態。

有時候隱藏的狀態很容易推測，如果我告訴你骰子點數的總和小於或等於4，那麼第三顆骰子的點數肯定是0（否則不可能擲出這麼小的總和）。如果點數總和大於12（兩個6，再加上大於0的點數），那麼第三個骰子的點數肯定是3。但如果點數總和處於這兩個極端之間，像是6或是8呢？這下就難猜了。

這個遊戲的解法之一是試誤法，我們可以重複擲這三個骰子，將總和記錄下來，然後觀察世界的真實狀態，也就是第三個骰子每次出現的點數為何。

遊戲的前幾輪結果可能如下所示：

輪	1號骰子	2號骰子	道具骰子	總和
1	2	4	0	6
2	5	1	3	9
3	5	6	3	14

以此類推，可以重複數十輪。可以用更簡單的方式來呈現這些資料，亦即用圖表呈現觀測到每個點數總和（例如6）出現的次數，並標示該次選擇的道具骰子點數（0或3）。我們可以用不同顏色表示不同的道具骰子（TD）點數，在此我以灰色代表0，白色代表3。

進行十輪之後的圖表如下所示：

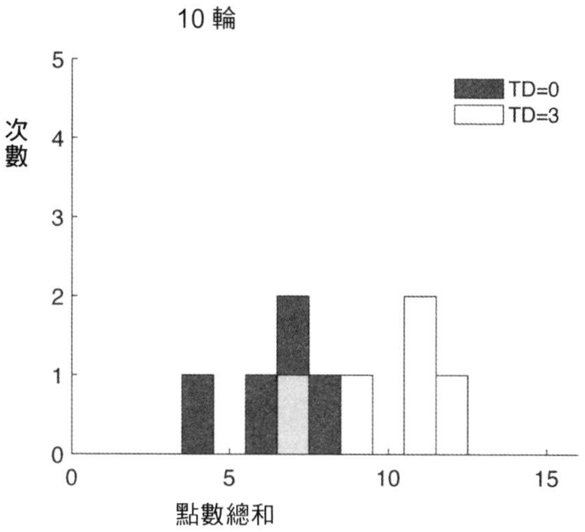

這張圖並沒有提供太多資訊，只顯示了幾種不同的總和，和剛才的表格一樣。但進

行了五十輪之後，我們逐漸可以看出重複的模式：

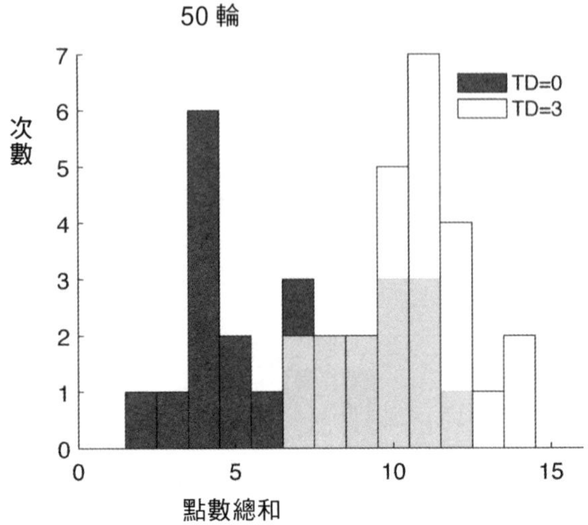

進行一千輪之後，模式顯而易見：

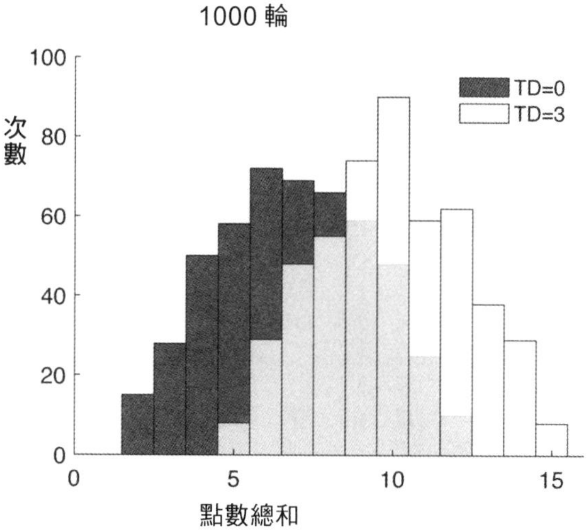

實驗中，「點數總和」的結果形成兩個明顯的高峰，大多數總和都落在範圍的中間，

而高峰出現在7和10的周圍。這很合理，平均而言兩顆普通骰子擲出的點數加總大約會是7，再加上道具骰子的0或3，總和就會落在7或10。而我們一開始的直覺也得到驗證：總數小於或等於4時，道具骰子的點數為0，而總數等於或大於13時，道具骰子的點數為3。

有了這些資料，現在讓我們回到遊戲中。如果我告訴你點數的總和是10，然後問你道具骰子的點數是多少，你會怎麼回答呢？上面的圖表告訴我們，點數總和為10時，道具骰子的點數比較可能是3。根據貝氏定理，白色和灰色長條的相對高度（假設實驗進行的次數夠多）能精準告訴我們是3的可能性比是0的可能性高出多少（在此例中大概是兩倍）。這個遊戲的貝氏最佳解就是回答道具骰子最有可能出現的點數，也就是說，在點數總和大於或等於9時回答3，在總數小於或等於8時回答0。

我們剛才所描述的，就是藉由充滿雜訊的資訊做決定的一種演算法。道具骰子總是潛藏在背後，因為每次擲骰子，道具骰子都會對點數總和做出貢獻。但是，道具骰子的真實狀態被兩顆一般骰子所產生的雜訊掩蓋了，就像彼卓夫無法單從充滿雜訊的雷達訊號判斷飛彈是否真的存在。這個遊戲所屬的問題類型要求我們在充滿不確定性的情況下做決定，而貝氏定理就是解決方法。

以彼卓夫當天的決定而言，可能的真實狀況很有限：要嘛真的有飛彈，要嘛是誤報。我們的骰子遊戲也是一樣，只有兩個選項：道具骰子要嘛是0，要嘛是3。

但在大多數情況中，除了感官輸入充滿雜訊以外，我們對於進入感官的資訊能有各式各樣可能的解釋。假設你畫了一個直徑約二十公分的圓形，放在距離眼睛一公尺遠的地方。圓形反射的光線會以直線前進，穿過眼球水晶體，然後在視網膜上產生一個小型的（圓形）影像。因為視網膜上的影像只有兩個維度，大腦所詮釋的圓形尺寸和距離的組合可能有無限多種。要在視網膜上產生相同的影像，也可以在兩公尺外放直徑四十公分的圓形，或是在四十公尺外放直徑八公尺的圓形。在很多情況，輸入的資訊不足以限縮我們所見事物可能的範圍。

要解決這些複雜的逆推問題，可以根據來自其他來源的更多資訊，做出最有可能的猜測。例如，我們可以利用兩隻眼睛看到的影像差異、紋理、位置，以及附近物體的陰影等其他線索，來推斷圓形的直徑。

要實際體驗這個過程，請看以下兩張圖片：

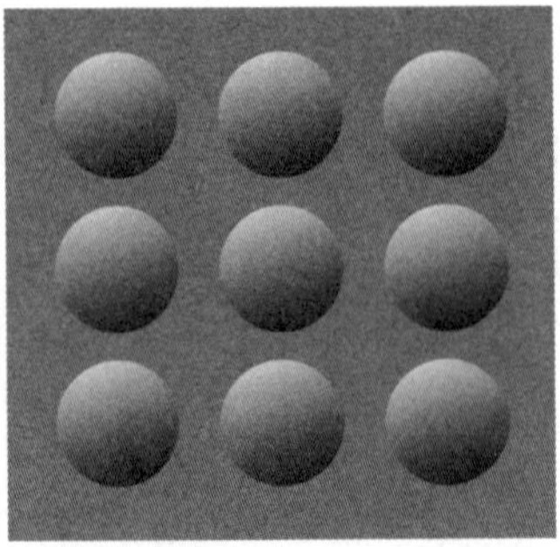

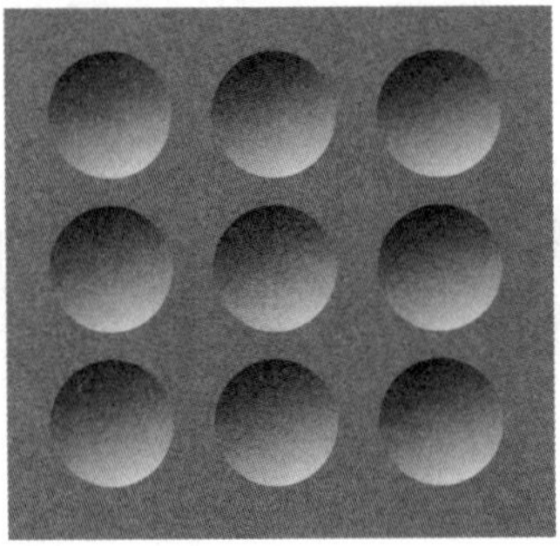

多數人都覺得上邊的圖看起來像是表面上凸出的顆粒，而下邊的圖看起來像是頁面上凹陷的小坑洞。為什麼會有這樣的差別呢？

艾鐸森的跳棋棋盤
（***Edward Adelson***）

這個逆推問題的解答是：大腦的錯覺。上下兩組圖其實是一模一樣的，只是翻轉了一百八十度（不信的話可以把書倒過來看看！）。這兩張圖之所以看起來不同，是因為**我們的視覺系統預設光線來自上方。**我們習慣來自頭頂上的陽光往下照射物體，相較之下，由下而上的照明（例如照亮懸崖壁的火光，或是打在大教堂上的聚光燈）比較少見。在觀看這兩張圖時，我們的大腦會將上邊圖較明亮的部分詮釋為光照在顆粒上的結果，並將下邊圖較陰暗的部分解釋為坑洞中產生的陰影，儘管這兩張圖實際上是一模一樣的。

前頁上邊的圖中標有A和B的兩個方塊，兩者其實是同一個色調的灰色，亮度相同。但為何方塊B看起來比較亮？因為你的大腦「知道」它位在陰影中：大腦為了讓受到充分照明的A反射相同程度的光到眼睛，所以讓B看起來比較亮。只要將A、B相連，就能看出兩者的色調其實相同，如下方的圖所示，有一道「橋樑」提供線索，推翻了大腦「方塊B位於陰影當中」的解釋（你也可以說服自己上、下兩張圖是相同的，用一張紙蓋住兩張圖的下半部試試看）。

這些錯覺，雖然令人感到意外，其實不算真正的錯覺。科學儀器可以解答這些圖形──也就是測光計和電腦螢幕測得的數字。我們的視覺系統也能詮釋這些錯覺：視覺系統擅長發掘規律，像是陰影或是光線來自上方，規律能幫助視覺系統建構有用的世界模型，而且在有光線、色調和陰影的真實世界中，這些模型通常會是正確的。可是，許多視覺錯覺恰好都呈現了這個透過感知進行推斷的系統，是如何運作的。我們會在下一節看到，許多大腦組織的基本原則都與這個能解決大量逆推問題的系統相符。

建構世界的模型

人類（還有猴子）的大腦中，我們理解的最透徹的部位是視覺系統。大腦後端幾個的特定區域負責處理視覺輸入，每個區域以不同的數字標示，數字越大的區域，進行的圖像處理越進階。V1和V2可以提取有關線條和形狀方向的資訊，V4提取有關顏色的資訊，而V5則能判斷物體是否移動。位於這些V區域下游的是視覺腹流（ventral visual stream），視覺腹流會彙整上述片段資訊，辨認完整的物體，例如臉孔、身體、桌椅。與視覺腹流相對的視覺背流（dorsal visual system）包含的區域則是專司追蹤物體位置、判斷物體是否移動。[4]

在視覺腹流的一開始，每個腦細胞只會編碼外在世界的一小部分，例如我們視野左下方的一小塊區域。但隨著視覺處理的層級升高，腦細胞逐漸加寬聚焦的區域，就如同縮小相機鏡頭倍率的效果一樣。當我們到達視覺處理的最高層級，此時視覺刺激所描繪的物體（臉孔、房子、貓狗等）遠比刺激本身的呈現要來得重要，鏡頭的倍率已經調到

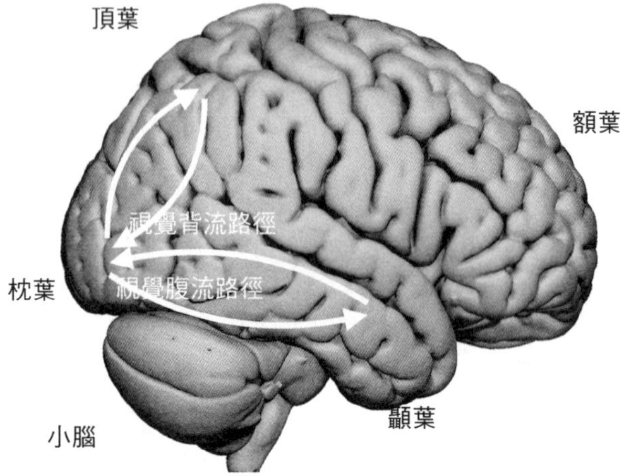

人類的右腦半球。圖上標示了四個腦葉、小腦和重要視覺路徑的位置。

最小，而此時我們也可以接收有關物體本身的資訊，不受空間上的位置影響。

有一件事非常重要，那就是資訊在視覺系統中並非單向流動。以前人們普遍認為大腦處理資訊時是依據一種前饋系統（feed-forward system）——從外界吸收資訊，以不明、複雜的方式處理資訊，然後輸出指令（例如要我們行走、說話）。現在已有大量證據顯示，這種輸入——輸出的觀點並不正確。以視覺系統為例，與前饋系統方向相反的回饋連結（feedback connection），或稱由上而下的連結（top-down connection），在數量上可是有過之而無不及。資訊傳遞的方向有來有往，較高的層次會接收來自較低層次的資訊輸入，也會對其傳遞資訊，形成不斷循環的神經迴路。這種思考心靈的方式稱為預測處理（predictive processing）[5]，與學界過去長久以來對大腦運作方式的理解截然不同。更多資訊可參見本書結尾的註釋。

「預測處理」這個結構，非常適合用來解決逆推問題。大腦可以透過由上而下的連結，主動建構我們對外界的認知，形塑我們的所見所聞、所思所感，而不只是被動地接收資訊。較高的處理層次會提供有關「我們可能會遭遇什麼事物」的資訊，以及「我們可能會形成哪些假設」。例如你知道你朋友養了一隻拉布拉多犬，所以你預期在走進他家時會看到一隻狗，但你不確定牠會出現在你視野中的哪個區塊。由較高視覺處理層次提供的先備知識（prior）（不因空間而改變的「狗」的概念）會提供脈絡，讓較低的視覺處理層次可以輕鬆地辨識出：你開門時衝過來的那一團模糊影子，是一隻狗。

知覺系統對這類規律（稱為先備知識）的仰賴程度，取決於我們對感官所提供資訊的不確定程度。讓我們回想彼卓夫的困境：如果他確信飛彈偵測技術毫無缺陷，不可能出錯，他就比較不會去質疑系統告訴他的訊息。我們是否應該在接收到新資訊時調整自己的想法，取決於我們對新資訊可靠與否的看法。

貝氏定理告訴我們，在進行預測處理時，我們應該整合來自不同來源的資訊，包括我們自身的先備知識和來自感官的資訊。這些資訊的總和，會與我們對目標事物的不確定性成反比。這個過程就好比把蛋糕麵糊倒進軟性模具一樣，模具的形狀代表我們對於世界的先備假設，而麵糊代表感官訊息（像是進入眼睛的光線和進入耳朵的聲波）。如果感官接受到的資訊非常明確，這種資訊就像是濃稠、幾乎是固狀的麵糊，那就不太會受到模具形狀（先備知識）的影響。相反地，如果資訊不怎麼明確，就會像比較稀的麵糊，模具會決定最後成品的形狀。

舉例來說，用眼睛判斷物體的位置，會比聽音辨位要來得精確。這代表視覺會有效地限縮可能的聲音來源，導致我們誤判。腹語師就是巧妙利用了這一點，將自己的聲音「借給」他們手上的布偶。腹語術的精髓是不動嘴巴說話的能力，只要能辦到這一點，觀眾的大腦會自動判斷聲音的來源是狀似正在說話的布偶。[6]

難怪，「追蹤不確定性」會是大腦處理感官資訊時固有的特性。為了瞭解這是怎麼辦到的，我們可以記錄視覺皮質的細胞活動。我們知道，移動的物體（像是揮動的手或彈跳的球）會讓猴子大腦中稱為MT的區域（人類大腦中相同的區域是V5）活躍起來。但不是任何方向的移動都會讓MT中所有的細胞產生反應，有些細胞在物體往左移時反應最激烈，同理，物體往上、往下，或任何其他方向移動時，也會有各自反應最激烈的細胞。反覆記錄MT細胞在物體往不同方向移動時的反應，會得到類似骰子遊戲的分配結果。我們能把MT細胞在任何時刻的反應視為針對某一特定移動方向傳達的不確定性，就像充滿雜訊的骰子點數總和可以傳達道具骰子是0或是3的機率。[7]

在我們預估自己身體的狀態時，不確定性也扮演重要角色。感官神經元會將有關我們四肢位置、心臟跳動速度或是痛覺刺激強度的資訊傳遞到大腦。就大腦的觀點而言，經由視覺神經傳達的電脈衝，與來自腸胃、心臟、肌肉或關節的神經訊號並沒有太大的差別，都是來自大腦外界事件的訊號，並可能受到類似上述視覺錯覺等錯覺的影響。

有一項知名的實驗要受試者將一隻手隱藏起來，並在他們面前放上一隻橡膠做的手。同時觸摸受試者隱藏的手與橡膠手的時候，竟然能讓受試者以為橡膠手是自己的手，這個錯覺會進一步使大腦傳送神經訊號到受試者真正的手。就像腹語師會講話的布偶，因為在看到橡膠手被觸摸時感覺到自己的手被觸摸，受試者產生了橡膠手是自己的手的錯覺。[8]

利用不確定性懷疑自己

當然了，這並不代表每當我們要感知這個世界的時候，就必須刻意把貝氏定理的方程式拿出來計算一下。我們的大腦能在無意識的情況下，應用一些機制去解決逆推問題，而這個過程，被德國物理學家赫爾曼．馮．亥姆霍茲（Hermann von Helmholtz）稱為「無意識推論」（unconscious inference）。在極短的間內，我們的大腦就能快速運算出前頁圖中凹陷、顆粒和棋盤圖形中的光影效果。我們透過類似的方式，結合先備知識和眼前得到的資訊，謹慎衡量兩者各自的不確定性之後，進而重新建構好朋友的面貌、美酒的滋味，以及剛出爐麵包的香氣。神經科學家艾尼．賽斯（Anil Seth）將我們對世界的知覺稱為**「受控的幻覺」**，**亦即我們對於世界的真實樣貌，最有可能的一種猜測。**

現在我們已經很清楚，估計各種資訊來源的不確定性是我們感知這個世界的重要基礎，但上述可以用來解決逆推問題的聰明辦法還有另一個驚人的額外好處。我們為了感知世界而估計不確定性，同時也獲得了懷疑感官的能力。我們可以輕易將不確定性轉化成自我懷疑。我們再次以骰子遊戲說明：點數的總和越接近15或0，我們就越可以確定道具骰子的點數分別是3或0。但在圖表的中段，當灰色和白色長條的高度差不多，也就是點數總和等於7或8時，我們就無法確知道具骰子的點數究竟是3還是0。如果我問你對於回答的信心程度，而你在點數總和等於7或8時表示懷疑自己、在點數總和較小或較大時充滿自信，這是合理的反應。換句話說，**如果不確定性低，我們會知道自己很可能知道答案；如果不確定性高，我們會知道自己很可能不知道答案。**

貝氏定理提供的數學框架有助於我們思考對不確定性的估計。對不確定性的估計，有時又稱為第二型決策（type 2 decision），因為相較於關於世界中事物的第一型決策，**第二型決策是關於其他決策的準確度**。貝氏定理告訴我們，在猜測圖表中段的道具骰子點數時充滿不確定性是正常的，因為這裡猜錯的機率最大，猜對的機率最小。相反地，越往分配的兩端走，猜對的機率就會越大。透過利用解決逆推問題時固有的不確定性，我們不需透過額外的機制就獲得了基本形式的後設認知。[9]

此外，因為追蹤不確定性是大腦感知世界的重要基礎，因此很多動物同樣擁有這個形式的後設認知，也就不意外了。關於這點，最早（也最巧妙）的實驗，來自心理學家大衛．史密斯（J. David Smith）對一隻名叫納圖亞（Natua）的瓶鼻海豚做的實驗。史密斯訓練納圖亞：聽有高有低的聲音，然後按下水槽中兩根不同的控制桿，來表示高音和低音。在實驗中，低音的範圍很廣，頻率從非常低到相對高，幾乎與高音的頻率差不多。因此，實驗中存在一個充滿不確定性的區域，讓納圖亞不知道應該回答高音還是低音，就跟我們的骰子遊戲一樣。[10]

等到納圖亞學會實驗的規則後，史密斯在水槽中安裝了第三根控制桿，只要按下這根控制桿，牠就能跳過目前這一題，進行下一個題目，就像我們在考試中跳過一題選擇題一樣。史密斯推論，如果納圖亞對於答案的不確定性很高的時候，拒絕那一題回答，就能比被迫作答時達到更高的準確度。史密斯的推論是正確的，數據顯示納圖亞最常在聲音高低不明時按下第三根控制桿。史密斯回憶道：「面對不確定性時，海豚會很明顯地遲疑，在兩個可能選項之間游移，但如果很有把握，牠會快速游向選定的答案，速度快到激起的水花淹沒了研究人員的電子開關。」[11]

亞洲各地可見的彌猴（牠們喜歡在寺廟與神殿偷觀光客的食物）在類似的環境中也能快速學會追蹤自己的不確定性。有個實驗訓練彌猴判斷電腦螢幕上出現的哪個形狀最大。螢幕先秀出形狀，接下來猴子必須在兩個圖示之間做出選擇，一個圖示代表高風險選項（答對能得到三顆食物丸，答錯會失去所有食物丸），另一個圖示則是保守選項，彌猴保證能獲得一顆食物丸。結果發現，彌猴在「知道自己答案正確」時，較常選擇高風險選項——這是牠們具備後設認知的明顯跡象。更驚人的是，牠們無須進一步的訓練，就能在新的記憶測驗中，使用這一套與自信相關的答題技巧。換句話說，牠們並不只是把特定的刺激與自信答題加以連結。學者亞當．凱佩克斯（Adam Kepec）也做過類似的實驗：混合兩種香水，讓老鼠判斷哪種氣味比較濃郁，老鼠對於自己會答對或答錯的可能性，具有一定的概念。還有證據顯示鳥類跟彌猴一樣，有辦法在不同的實驗間轉移後設認知的能力。[12]

如果「對不確定性很敏感」是大腦運作的基礎特性，那麼，後設認知的這個第一個組成要素也很可能出現在剛出生的人類嬰兒身上。法國學者露易絲．古皮爾（Louise Goupil）和席德．庫伊德（Sid Kouider）研究十八個月大的嬰兒如何追蹤他們決策中的不確定性，實驗人員在嬰兒坐在媽媽腿上時拿出可愛的玩具，讓嬰兒稍微玩一下。接著，實驗人員故意讓嬰兒看見玩具藏在兩個箱子的其中一個當中。最後，在隔了一段時間之後，實驗人員允許嬰兒把手伸進其中一個箱子拿玩具。

事實上，實驗人員已經偷偷的把玩具從箱子中拿走了。這個試驗是想要衡量嬰兒對牠們自己所選箱子的信心程度。研究者推論，如果嬰兒知道自己做的選擇是好是壞，則當他們選擇了正確的箱子時，就會比選擇錯誤的箱子時更願意尋找其中（事實上不存在）的玩具。結果確實如此：嬰兒選錯的時候，就比較不會堅持在空箱子裡不斷尋找玩具。當他們覺得自己的答案可能錯誤時，也比較會要媽媽幫忙他們拿玩具。這個結果告訴我們，即使是剛出生的嬰兒有也能力估計他們面對簡單選擇時的不確定性，並在需要時尋求幫助。[13]

我們無法確知動物和嬰兒是否真的是在解決問題，因為他們不像成年人可以說出想法和感受。上述研究的批評者可能會說，嬰兒和動物只是遵守了這些實驗中的一種低層次規則而已，例如：如果我花了很久還無法決定，就應該選擇「不確定」選項，事實上他們對於面臨的決定並沒有形成任何不確定的感受。

為了回應這類批評，現在有越來越多精巧的實驗，能排除各種「非後設認知」的解釋。舉例來說，為了排除追蹤反應時間，有些研究在測驗開始、回應時間提示出現之前，就先讓動物決定是否要在牠們的選擇上下注。在這種情境之下，彌猴願意接受測驗時，會比拒絕接受測驗時更有可能答對，這代表牠們知道「自己知道答案」，這是後設認知存在的證明。[14]

但也有證據顯示，有些具有智慧的物種，在相同的情況下無法追蹤不確定性。這代表不確定性的感受，或許真的是自我意識早期發展的徵兆，而非大家都有的認知能力。南美洲的捲尾猴具有許多類似彌猴的特徵，像是群體生活、會使用石頭等工具打開棕櫚樹的堅果。但讓捲尾猴接受史密斯的實驗時，牠們好像無法展現「知道自己面臨不確定性」的能力。這個結果顯示，雖然兩種猴子非常相似，其中一種出現了後設認知的徵兆，另一種卻沒有。[15]

有了追蹤不確定性的能力，其他更有用的能力才成為可能。首先，**有辦法估計不確定性，代表我們能判斷是否需要更多資訊**。再回到我們的骰子遊戲，如果我告訴你，點數總和接近圖表中段（7或8），你當然不確定要回答0還是3。但是，如果你要我再擲同樣的三個骰子，而我擲出了5、4、7這三種總和，你就能更有信心地回答道具骰子的點數是0。只要每次擲骰子都獨立於前一次，貝氏定理告訴我們，在每次擲骰子之後，將對各假設信心比率的對數加總，就能得出答案是3或0的機率。[16]

第二次世界大戰期間，英國優秀的數學家艾倫·圖靈（Alan Turing）在試圖破解納粹德國的密碼時，就是用這個方法來決定是否要改變方向。圖靈的團隊每天早上會在密碼機器上嘗試新的設定，試圖破譯攔截到的訊息。他們遭遇到的困難是，不曉得一組密碼應該嘗試多久，才可以放棄並開始試驗下一組。圖靈證明，透過長期累積大量的資訊樣本，破譯員能逐漸提升「認為某組密碼是正確的」的信心，而且更重要的是，這麼做能將嘗試錯誤密碼浪費的時間降到最低。[17]

同理，我們可以使用現有的信心程度，來衡量是否需要更多新資訊。如果第一次擲出的點數總和是12，我可以充滿信心地說道具骰子的點數是3，不必要求再擲一次骰子。但如果擲出的點數總和是7或8，那麼最好是要求再擲一次骰子，化解我目前對正確答案的不確定性。有一項研究證實了「當人們在決定是否需要新資訊時，信心扮演的角色」：受試者必須辨識電腦螢幕中出現的各種形狀是什麼顏色，而研究人員會藉著安排這些形狀，創造出「受試者覺得自己不太確定，但實際上表現沒有比較差」的狀況。這樣的設計是要將不確定的感覺對我們決定的影響獨立出來。當研究人員詢問是否要再看一次資訊時，受試者只會在感到不確定時表示要再看一次資訊。如同前面提到對嬰兒的實驗，受試者會依據自己內在的不確定感受與信心，來決定是否向外求助。[18]

灰色地帶

追蹤不確定性的能力，是我們的大腦感知這個世界的基礎。我們所處的環境非常複雜，而且感官提供的圖像往往是低解析度的，於是我們被迫對世界真實的樣貌做出假設。為了解決這些逆推問題，有個有效的工具是，將不同來源的資訊加以結合，並以這些資訊的可靠性或不確定性為依據。這個解法很符合貝氏定理的數學運算，雖然神經科學家之間對於大腦是否會、以及如何應用貝氏定理（或類似規則）有非常大的意見分歧。[19]

無論大腦實際上是怎麼計算不確定性的，我們都可以合理斷定：計算不確定性是大腦運作的基本原則。如果我們無法意識到不確定性的存在，就只能永遠以同一種方法看世界（前提是，如果我們在這種情況下還有辦法看到世界的話）。藉由意識到不確定性的存在，我們也獲得了後設認知的第一個組成要素：那就是**質疑我們感官的能力**。光是計算不確定性的能力並不足以構成完整的自我覺察，但已經足以形成基本的後設認知（而且這種基本的後設認知形式，可見於動物和嬰兒身上）。納博科夫所提到人類與其他物種的明確界線已經漸趨模糊，因為其他動物也展現了具備基礎後設認知能力的跡象。

但是，追蹤不確定性只是我們故事的開頭而已。到目前為止，我們看到的只有大腦靜態接受世界刺激的角色，大腦本身還不具備變動和移動的能力。一旦我們納入大腦自主行動的能力，後設認知演算法就會面臨全新的挑戰。要面對這些挑戰，我們需要下一個組成要素，也就是監控自身行動的能力。

第二章
自我監控的演算法

一旦發展出感知外界事物的能力，就會出現一種奇特的副作用，這種副作用將會產生重大且全面性的影響。生物感知周遭環境事物某些層面的能力，將會反過來賦予生物感知自身某些層面的能力。

——侯世達（Douglas Hofstadter），《我是怪異的迴圈》（I Am a Strange Loop）

上一章裡，我們看到了大腦的知覺系統是如何運作，如何吸收來自感官的資訊，解決逆推問題以建構世界的模型。我們也看到，為何編碼並追蹤有關我們所見所聞、來源各異的不確定性，對我們的知覺如此重要，並且可以用來懷疑自己。在本章中，我們要繼續介紹自我監控演算法，只是這次我們要從系統的另外一端，也就是控制我們行動的部分談起。

我們通常把行動看作有意識的刻意行為，例如煮晚餐或是拿起電話打給朋友。但我們日常中可能採取的行動，範圍比有意識的刻意行為要廣多了。只要能對周遭環境中的事物造成改變，我們肉身所做的一切都能視為行動，像是呼吸、說話、調整姿勢。這說明了我們有很多行動都是在無意識中發生，卻對生存至關重要。

但是行動有一個問題：它們不一定會按照計劃進行。這意味著我們需要一些快速、有效的方法去修正錯誤。只要是夠好的自我意識系統，都不會讓自己的行動像飛鏢，射後無法矯正飛行路線。想像一下，你在晚宴中伸手要拿紅酒，但是判斷錯誤，不小心把玻璃杯推下桌子，你只能眼睜睜看著玻璃杯墜落，無法挽救。有時走運的話，你的手會不自覺地動起來，在玻璃杯墜地前一剎那先把它接住。我們將會看到，這種修正自身行動能力的先決要件，是預測本來應發生（用手拿住玻璃杯），卻沒發生的事情的能力。

事實上，**預測能力是自我監控演算法的核心**。想想智慧型手機的預測選字功能，智慧型手機之所以能修正你不小心打錯的字，是因為它能推測你原本要打的是什麼字（如果推測結果與你原本的意圖不同，你就會覺得手機很爛）。自我意識也具備相同的能力，只有在知道什麼事該做，卻沒有做到的情況下，我們才有辦法發覺自己的錯誤並感到後悔。法語中有一個很妙的說法能形容這種狀況：「L'esprit d'escalier」，意思是「樓梯間的機智」，也就是到了你要下樓離開派對時，才想到剛剛可以說的機智妙語。

在本章中，我們將會看到各式各樣能預測並修正我們行為的演算法。我們將會看到，形狀、大小各異的大腦都具備精良的防止失效機制，讓大腦可以監控自己的表現，從伸手拿咖啡杯這種最小的修正調整，到調整我對自己工作表現的感受。監控自身行動的能力是自我覺察的第二個組成要件。

預測誤差

我們一切的行動中，最簡單也最重要的，是維持我們內在狀態的行動。所有的生物都必須監控自身體溫、營養多寡等狀態，這對生存至關重要，如果這些狀態距離理想的位置（稱為設定點）太遠，生物會活不下去。以單細胞的細菌為例，所有的活細胞都必須控制自身內在的酸度，因為大部分蛋白質只能在特定（而且很狹窄）的酸鹼值範圍內存活。即使簡單如細菌，其細胞表面也具備感測分子與傳訊分子組成的複雜網路，在必要時可以啟動幫浦，恢復中性的酸鹼平衡。

這就是生物界隨處可見的體內恆定（homeostasis）。體內恆定的運作方式就像家中的恆溫器：當溫度低於某一特定點，恆溫器就會開啟暖氣，確保室內溫度維持在舒適的範圍內。體內恆定具有遞迴（recursive）的特色，也就是說，它要監控和改變的是同一個對象，就像我家的恆溫器控制的是我家的溫度，而不是鄰居家的溫度。體內恆定的這項特色，使其成為一個閉迴系統（closed-loop system）。如果它偵測到的狀態位在可接受的範圍內，就不會有事情發生，反之，如果偵測到酸鹼值或溫度的不平衡，就會採取行動進行修正。體內恆定在正常時經常可以自行運作，修正通常都會達到令人滿意的效果，而控制過程雖然錯綜複雜，在運算上卻相當簡單。

但是，類似恆溫器的機制只能根據當下的狀況運作，無法將未來納入考量。單純控制暖氣開關的恆溫器並不「知道」晚上通常比較冷，白天通常比較溫暖，只知道溫度低於某個門檻時，就要開啟暖氣。

新一代的學習型恆溫器改良了傳統的開關式恆溫器，能夠學習一天不同時段的溫度升降模式，以及屋主對特定溫度的偏好。智慧型恆溫器可以預測何時應該開啟，才能讓室內溫度更穩定。電腦科學中的經典理論——良好調節器定理（good regulator theorem）可以解釋學習型恆溫器為何會比傳統式恆溫器要來得有效。依據良好調節器定理，控制一個系統最有效的方式，就是開發出該系統的準確模型。換句話說，影響溫度因素的模型越準確，就越能預測何時應該調整暖氣，讓溫度維持在舒適的範圍內。[1]

除了體內恆定以外，這也適用於能夠影響外在世界的行動。我們所有的行為都可以看做是一種繁複的體內恆定，因為我們很多所作所為的目的都是為了讓內在狀態維持在理想的範圍內。例如，肚子餓的時候會決定去做三明治，吃完後我又會恢復飽足的狀態。如果我需要買三明治材料的錢，我可能會決定去找工作賺錢。我們人生中所做的一切，都是某種大計劃的一部分，目的是將內在狀態中的「誤差」縮減到最小，這樣的想法在運算神經科學學界有人支持，也有人批評。但至少對比較簡單的行動來說，這提供了一個明確架構，可以去思考行為如何受到監控和控制。現在讓我們更進一步，看看實際運作的情形吧。[2]

控制權在誰手上？

大腦除了有專司感官的部位負責處理來自眼睛和耳朵等器官的資訊，也有專司運動的結構，能將神經訊號傳遞至脊髓，以控制並協調肌肉。正如視覺皮質在組織上具有層次性，能將輸入訊號轉換為世界中事物的高層次表徵，運動皮質（motor cortex）也具有層次遞減的組織。前運動皮質（premotor cortex）等區域參與一般性的計畫和意圖的形成（像是「把手伸到左邊」），而較低層次的大腦區域，例如初級運動皮質（primary motor cortex）則負責細節的實行。有些人認為，前額葉皮質（prefrontal cortex，PFC）中區域的層次，位於知覺與運動的層次之上。如果我們認為前額葉皮質參與將高層次的知覺表徵（紅色的球在那裡）轉譯為高層次的行動表徵（把紅色的球拿起來），那麼這個說法就是合理的。[3]

行動具備層次性組織，會導致一種結果，那就是當我們伸手要拿一杯咖啡時，並不需要有意識地啟動把手臂和手掌伸向咖啡杯的一系列肌肉。大部分的行動計劃都是在比較高的層次制訂的：我們想要品嚐咖啡，於是手臂、手掌和嘴巴互相合作完成達成這個願望。這代表，像彈鋼琴這種技術性的工作，同時包含了較高層次的有意識計劃（像是決定彈奏的速度，或特定段落的強度），以及運動控制自動、無意識的層面，讓手指在正確的時間點找到正確的琴鍵，兩者之間相輔相成。觀看鋼琴演奏家演奏，會讓人感覺他們的手和手指擁有自己的生命，而演奏家則是高高在上地發號施令。就像知名鋼琴家霍洛維茲（Vladimir Horowitz）說的：「我是將軍，琴鍵是我麾下的士卒。」這句話用神經科學的語言來說，就是我們會將熟悉的工作交付給無意識與從屬層次的行動控制，只有在必要時才介入。[4]

並不是所有人都擁有足夠的手指靈活度，可以彈奏蕭邦或李斯特的鋼琴樂曲，但許多人面對眼前的電腦鍵盤，手指頭就具備同樣厲害的技能。我的筆電配有標準QWERTY鍵盤，這種鍵盤以第一列的前六個字母命名。QWERTY鍵盤由政治家兼業餘發明家蕭爾斯（Christopher Latham Sholes）在一八六〇年代發明，當時只有打字機（最古早的打字機是把二十六個英文字母從A到Z排成一列，這是當時發明家認為最有效率的安排）。蕭爾斯為何要把鍵盤字母這樣排序，原因並不清楚，有一種說法是這樣能防止早期的打字機卡住，另一種說法是這種排序能幫助收到摩斯密碼的電報員快速抄錄訊息中相近的字母，還有另一種說法是第一家大型打字機製造商雷明頓公司（Remington）希望保留QWERTY鍵盤，確保透過其專利系統受訓的打字員能維持品牌忠誠度。

無論哪一種說法是正確的，QWERTY鍵盤導致英語世界無數人獲得了一種他們極為精通、通常毫不自覺的運動技能。如果你經常使用電腦，請閉上雙眼想像各個英文字母（除了QWERTY以外）在鍵盤上的位置：這並不容易，你可能和我一樣，只能透過假裝打字找到特定字母的位置。因為運動技能與意識之間有如此明確的劃分，使得打字成為一個良好的試驗對象，讓我們能研究涉及在無意識中監控與控制我們行動的各種演算法。此外，我們可以在實驗室中精準地測量打字：用電腦記錄擊鍵的開始和時機，並用高解析度攝影機捕捉打字者手指的動作。

心理學家葛登・羅根（Gordon Logan）和馬修・克朗普（Matthew Crump）使用這些方法，對人們打字的方式進行詳盡且充滿創意的實驗。他們有一項實驗要求受試者打出經典心理學測驗——史楚普作業（Stroop task）的答案。在史楚普作業中，受試者必須回答看到的文字是什麼顏色，舉例來說，看到藍色的字就打「藍色」，看到紅色的字就打「紅色」。大部分的文字都很好應付，但如果文字本身是顏色（例如「綠色」兩個字是藍色，而「紫色」是紅色，等等），要回答就難了。當文字本身與文字顏色不符時，受試者的回答速度會變慢，也會出錯。但雖然開始打字的速度比較慢，只要一開始打字，打完一個單字內所有字母（例如b-l-u-e）的速度並沒有變慢。這讓羅根與克朗普提出「有多個行動控制迴路同時運作」的假說：較高層次的迴路負責決定要打什麼字，而較低層次的迴路接收來自較高層次迴路的資訊，決定要按哪些按鍵、順序為何。[5]

行動控制除了分成不同層次之外，較高層次也對較低層次的運作所知不多。因為如果想要讓人無法正常打字，最簡單的方是就是要他們打一個句子，但只打出左手（或右手）負責的字母。試著坐在鍵盤前，打出「The cat on the mat」（貓咪在地毯上）這個句子中由左手負責的字母（在QWERTY鍵盤上，你應該會打出類似Tecatteat的東西）。決定將每個字母分配給哪一隻手是極為困難的任務，但控制我們擊鍵的低層次迴路隨時都在做這件事，速度甚至高達每分鐘七十個字！我們的大腦有一部分知道哪個字母要用哪一隻手打才對，只是沒辦法把這項訊息傳達出來。[6]

維持正軌

這些實驗顯示，為了使行動不要偏離正軌，我們會持續在無意識中進行細微的調整。而有時候這些無意識監控過程會顯露出來，這有點像上一章提到的，因為有視覺錯覺，所以讓我們知道知覺推論的運作方式。舉例來說，我搭地鐵上班時，會搭一連串移動的手扶梯。而搭乘手扶梯時，我的身體必須快速調整姿勢，免得摔倒。我的身體已經習慣做出這種反應，所以某天手扶梯故障而靜止不動，我的運動系統仍然會自動根據通常會移動的階梯進行修正，導致我踏上靜止的手扶梯時差點絆倒。[7]

皮耶．富納瑞（Pierre Fourneret）和馬克．尚納羅（Marc Jeannerod）設計的經典實驗就是為了量化這類快速、自動的誤差修正。他們要求受試者移動電腦螢幕中的游標。研究人員將受試者的手隱藏起來（讓他們只能看見游標），然後讓游標位置產生細微的偏移，並觀察會發生什麼事。他們發現，游標被迫偏離原本的軌道時，受試者會立即在無意識的情況下進行修正。兩位學者的論文指出：「受試者的手所做的大部分實際動作，他們自己並未察覺。」換句話說，低層次系統會無意識地監控我們執行任務的情形，並盡可能以最有效率的方式修正任何偏離目標的狀況。[8]

大腦支援這類調整的關鍵部位是小腦，其英文 cerebellum 源於拉丁文「小型的腦」的意思。小腦看起來就像附加在大腦之下的次要頭腦，其實人體所有的神經元中（約八百五十億個），有超過百分之八十（約六百九十億個）都位於小腦。小腦的神經元網路之縝密，令人嘆為觀止，數百萬個平行纖維（parallel fiber）與另一種稱為浦金耶神經元（Purkinje neuron）的大腦細胞以直角相交，普金耶神經元具有繁複的大型樹狀突樹。來自皮質的資訊會呈現一連串的迴路，皮質中某些區域會投射到傳來資訊的小腦區域。有個說法是小腦會收到傳送到肌肉的運動指令的副本，就像電子郵件的紙本副本一樣。接著，小腦會產生行動應該有的感官結果，例如我的手應該平順地向目標逼近。如果這個期望不符合有關我的手實際位置的感官資料，就會出現快速調整，讓手回到正確的軌道。[9]

這種架構在工程領域稱為向前模型（forward model）。向前模型會先預測運動指令產生的結果，然後追蹤目前狀態與預期結果之間的差距，以在必要時提供細微的修正。我從小就喜歡出海航行，無論是駕駛小艇，還是搭乘大船。在前往目的地時，我可以利用簡單的向前模型，幫助抵銷潮汐對船位置的影響。只要我規劃好前往目的地港口的航線，GPS會自動告訴我，目前位置是在直線路徑的左邊或右邊，我可以據此修正航線，而不需要擔心大方向是否正確。這麼做經常會產生一種結果，那就是船隻會在海上側向移動，就像你在渡河時會不自覺地向上游划一樣。對旁觀者而言，根據潮汐調整航線似乎是經過事先仔細規劃的行為，但在實際上卻是為了應對局部的誤差訊號，無數細微修正累積起來的結果。

在這種演算法中，最重要的是追蹤與我預期狀況的偏離情形。這表示，如果感官接收到的資訊符合我的預期，就可以直接忽略——這是透過對人類受試者進行實驗所得出有關預測性控制的另一項特徵。舉例來說，如果我移動你的手臂，你的大腦會因為關節和肌肉位置的改變，接收到手臂正在移動的資訊。但如果我移動自己的手臂，感官回饋就不會那麼清晰，因為這與我預期會發生的事一模一樣。這些偵測動作偏離情形的神經演算法會導致一些違反直覺的現象。在拳擊擂臺或在酒吧與人打架時，不幸挨揍的人臉上所感受到的拳頭力道，會比打人者的手上感受到的力道來得強烈，這是因為打人者對這個力道有所預期，而被打者沒有。如果被打者決定反擊，他的出拳力道會比原先那一拳在打人者心中所想的力道還要大，目的是要達到被打者所感受到的力道，因此會形成一個情勢越來越嚴重的惡性循環。如果你也曾經開車載過兩個在後座吵架的小孩，就知道這種狀況會有什麼結果。[10]

這些實驗告訴我們，有各式各樣的自我監控過程在無意識的狀態下運作。多虧預測性控制的力量和彈性，我們才能在不假思索的情況下快速、流暢地行動。我在上下班尖峰時刻搭上移動的手扶梯時，身體會根據局部的演算法細微地調整姿勢，就像是船隻在航行時為了因應潮汐的影響而細微地調整航線。但是，如果出現大幅偏離我們預期的狀況，比如我們與目標相差了一英里，那麼細微的修正或調整也許不足以讓我們回到正軌。這時候，我們對行動的無意識調整就會變成對誤差的有意識認知。

從偵測誤差到瞭解自己

有關我們如何發現自己犯錯，心理學家派翠克・瑞彼特（Patrick Rabbitt）在一九六〇年代進行了一些最早的實驗。他設計了一項複雜、重複性高的任務，要受試者根據一連串的數字按按鈕。按對按錯其實不重要，這個實驗的聰明之處在於，瑞彼特還要求受試者在發現自己犯錯時按下另一顆按鈕。瑞彼特計算按下這顆「我錯了」的按鈕所需花費的時間，發現人們很快就能修正自己的錯誤。平均而言，受試者發現自己犯錯所需的時間，比他們對外界刺激最快的反應還快了四十毫秒。這個簡單卻巧妙的分析，證明了大腦能透過非常有效率的內部運算監控並偵測到自己的錯誤，而且不需仰賴來自外界的訊號。

快速偵測錯誤的能力，讓我們得以同樣快速地修正錯誤。在判斷刺激屬於A類或B類的簡單決策中，如果按下錯誤按鈕，只需要數十毫秒的時間，控制正確回應的肌肉就會開始收縮，以修正錯誤。如果修正過程的開展速度夠快，甚至能防止錯誤的發生。

舉例來說，我們準備按下按鈕，送出草草寫就的電子郵件時（此時肌肉開始收縮），我們可能會根據蒐集的額外資訊判斷出「這不是個好主意」，在最後一刻決定不按下「傳送」。[11]

瑞彼特進行實驗後過了二十多年，學界才開始發現支援內在誤差偵測的大腦過程。心理學家威廉．格林（William Gehring）在一九九二年發表的博士論文中，以腦波儀記錄受試者在執行困難任務時的狀態。腦波儀以小型電極網衡量大腦內上千神經元共同活動產生的頭部外電場變化。格林發現，受試者犯錯後的一百毫秒內會產生一種特殊的腦波，如此快速的回應解釋了瑞彼特的發現：人們能在別人告知前，快速發現自己犯了錯。這種大腦活動被稱為錯誤相關負波（error-related negativity，ERN），心理學家將之暱稱為「喔，糟糕！」反應。[12]

現在我們知道，ERN會在各種任務出錯時出現（從按按鈕到朗讀），而且是由位在額葉中央深處的大腦區域——背側前扣帶迴皮質（dorsal anterior cingulate cortex， dACC）產生的。人體在發育初期就會出現這種自我監控的神經訊號。有一項實驗讓十二個月大的嬰兒觀看電腦螢幕上閃過的一連串影像，並記錄他們的眼球動態。有時候螢幕會出現人臉的影像，如果嬰兒看向人臉，就會得到獎賞（音樂和閃爍的彩色燈光）。在這個實驗當中，嬰兒沒有看向人臉就可比擬為錯誤，因為他們沒有做出可以得到獎賞的行動。當他們「犯錯」時，腦波儀紀錄會顯示清楚的 ERN；但和一般成人相比，出現的時間比較慢一些。[13]

我們可以把 ERN 當作是「預測誤差」的特例。預測誤差名符其實，能夠追蹤我們對未來預測的誤差，並且是能有效瞭解世界的演算法之重要功能。要瞭解預測誤差如何幫助我們學習，想像你的公司附近開了一家新的咖啡廳，你不知道他們的咖啡好不好喝，但他們大手筆買了頂級的義式咖啡機，而且店內氛圍很讚。於是你懷抱高度期望，在還沒實際喝到之前就預測他們的咖啡會很好喝。當你品嚐第一杯他們的咖啡時，發現不只是好喝而已，更是超乎預期地好喝，因此你調整估計，使得這家店成為你上班途中最喜歡光顧的咖啡廳。

幾個星期之後，店內咖啡師因為過於自滿，導致咖啡的品質比以往下降，味道依舊不錯，只是與你的預期比較之下，你的預測出現了負向誤差，於是你會比平常更失望一點。

預測的進行與更改，必須仰賴一種知名的腦化學物質：多巴胺。它在大眾媒體中經常被誤指為「愉悅」的化學物質。我們在得到享受的事物（例如金錢、食物、性愛）時，確實會分泌多巴胺。但是，多巴胺不只會傳達令人滿足的特徵。神經科學家沃罕・舒茲（Wolfram Schultz）曾做了一項現在被視為經典的實驗，他記錄猴子「中腦」負責分泌多巴胺並將其傳遞到大腦其他區域的細胞所發出的訊號。舒茲訓練猴子，讓牠們預期房間開燈時就會有一滴果汁可以喝。一開始，產生多巴胺的細胞會對果汁產生反應，這與愉悅理論相符。但隨著時間過去，猴子開始發現果汁出現前會先開燈，也就是說，牠們學會預期果汁的出現，這時多巴胺的反應就消失了。[14]

有一個簡單的方法可以解釋這些實驗中的多巴胺反應模式，那就是多巴胺能追蹤猴子對果汁的預測誤差。一開始，猴子並未預期果汁會出現，就像我們沒有預期到新咖啡廳的咖啡會那麼好喝。但過了一段時間後，每次看到燈光時，猴子就預期果汁會出現，就像我們每次走進那家咖啡廳就會預期有好喝的咖啡。在舒茲進行實驗的同一時期，兩位運算神經科學家彼得・戴恩（Peter Dayan）與瑞德・孟泰格（Read Montague）正在進一步發展心理學經典的試誤學習研究。瑞斯可拉——華格納規則（Rescorla-Wagner rule）這個知名的理論認為，只有當事件在預期之外時，才需要進行學習。這在直覺上很合理：如果咖啡嚐起來和昨天一樣，我就不需更動我對咖啡廳好壞的估計，也就是說不需要進行學習。不過戴恩與孟泰格證明了，這個演算法能精準對應到多巴胺神經元的反應。在舒茲、戴恩與孟泰格等三人的研究成果發表後不久，我博士論文的指導教授雷・杜蘭（Ray Dolan）發現，大腦接受多巴胺輸入的區域所產生的神經反應，能密切追蹤人們對預測誤差訊號的期望。這些開創性的研究一同顯示，計算預測誤差，並使用預測誤差來更新我們對世界的體驗方式，是大腦運作的基本原理。[15]

好，我們現在已經對預測誤差有所認識，接著可以開始瞭解類似的運算為何對自我監控很重要。有時候，我們會直接得到有關我們表現的正面或負面回饋（例如學校成績好壞、獲悉我創下個人半馬最佳成績）。但在日常生活的許多地方，回饋通常是隱微甚至不存在的。因此，思考ERN的一種有效方式，就是ERN能反映獎賞的內在訊號，更確切地說，是缺乏獎賞的內在訊號。ERN能傳達我們期望（表現良好）與實際情況（錯誤）之間的差異。

以彈奏鋼琴為例，每一個音符都有它特定的聲音，若要說一個音符比另一個音符「好」或「壞」，是很奇怪的。單獨彈奏時，A不會比升G帶來更多的滿足，但如果是彈奏葛利格的A小調鋼琴協奏曲時，不小心把A彈成升G，會讓人立即感受到不諧和的樂音。即使是在不牽涉外在回饋的情況下，彈錯音在我們對表演的預期中依然是個誤差，所以就算沒有外在的回饋，大腦也可以評估出這次到底彈得好或不好。[16]

我們無法預期誤差（否則我們就會想辦法阻止它們發生了）。英國電視節目《快速節目》（The Fast Show）中有一齣短劇，就是運用人類誤差的這個特色發揮喜劇效果。有位名叫倒楣艾夫的和藹老人對著鏡頭，以濃厚的北英格蘭口音說道：「看到了嗎？他們在這條路的盡頭挖洞。我這麼倒楣，大概會摔進洞裡吧。」觀眾看他在路上越走越遠，突然間吹起一陣大風，把他吹進洞裡。這齣短劇的笑點在於：即使倒楣艾夫已經預見災難並做好準備，仍然無法避免災難發生。通常我們無法預知誤差，所以才會在誤差發生時大吃一驚。

因此，**實行自我監控的有效辦法，就是對我們預期的表現進行預測，並追蹤表現是否符合預期**。如果我們犯了錯，就代表「預期成功」時出現了負向誤差。驚人的是，涉及偵測外界回饋（像是咖啡比預期好喝還是難喝，或最近是否在工作上得到獎金）的大腦迴路，與涉及追蹤表現內在誤差的迴路呈現精美的對稱，兩者似乎都仰賴多巴胺運作。舉例來說，在斑胸草雀鳴叫時，播放牠們沒有預期會聽到的聲音，會導致牠們的多巴胺神經元活躍度降低。這些多巴胺神經元會傳訊給大腦負責學習鳴叫聲的另一個區域——彷彿是多巴胺在鳥的大腦裡擔任唱歌比賽評審，判斷這次的鳴叫好不好。追蹤鳥鳴產生內部誤差的相同迴路也會追蹤外部回饋，這與我們預期中，同時涉及學習外界世界和自身的一般預測誤差演算法相同。[17]

自我覺察的產生

讓我們回顧一下。到目前為止，我們看到了在系統不同層次應用誤差修正的情形，從偵測與修正內在狀態（體內恆定），到確保我們的行動與意圖相符。在這些自我監控的形式中，有許多都常見於動物界和發育早期的人類[18]。我們也看到，估計不確定性並監控我們內在狀態與行動的演算法，對於人類大腦這種有辦法自我調節的複雜系統而言，是普遍存在的特徵。這兩種組成要素形成了心理學家口中隱含後設認知（implicit metacognition）的核心。隱含後設認知即為經常在無意識中自動運行的自我監控形式，與其相對的外顯後設認知（explicit metacognition）指的是後設認知中我們能意識到的層面。當我知道自己把工作搞砸了，就是外顯後設認知在運作。

隱含與外顯後設認知，可以類比為飛機裡的機師與自動駕駛裝置之間的關係。飛機擁有自動駕駛裝置這顆電子「大腦」，能準確地提供飛機高度、速度等資訊的自我監控。而機師則負責透過他的生理大腦，觀察並監控自動駕駛裝置的運作。機師與自動駕駛裝置之間的關係，就是「飛機意識」最基礎的形式，機師的工作是瞭解自動駕駛裝置的行為，並在必要時介入。隱含與外顯後設認知也有同樣的關係，只是兩者的互動發生在同一個大腦裡。

這並不表示，我們大腦內坐了一個「機師」監控著周遭發生的各種事情。我們用來描述心靈運作方式的觀念和模型，與用來描述其於神經硬體上應用的觀念與模型經常有所不同。我們可以這樣比喻：一本書的文字「存在」於作家的文字處理軟體中，但我們沒辦法在筆記型電腦電路板裡流竄的1與0中找到這些文字。同理，我們可以說自我覺察涉及「監控」與「觀察」其他認知過程（這是心理或運算層次的分析），但這不代表我們能在大腦中找到實際上的觀察者或監控者。認知神經科學使得我們越來越熟悉一個觀念，那就是「大腦中並不存在產生感受或進行決策的單一位置」。而後設認知也是一樣的：自我覺察並不是在單一位置「產生」。[19]

可是在心理層次，認知科學告訴我們，「駕駛」心靈與身體的許多重要過程都可以透過自動駕駛處理，不需要外顯後設認知的插手。有各式各樣的預測和預測誤差促成持續性的調整，使我們心靈這架飛機順利飛翔。但在大多數情況下，這些預測和預測誤差都隱而不現，就像自動駕駛裝置進行持續性調整使飛機維持在三千英尺的高空，而飛機機師卻經常渾然不覺。

很多動物都具備這種隱含認知的能力，能夠察覺自己的不確定，並追蹤行動中的誤差。這種能力能幫助牠們通過前一章中史密斯的不確定性回答試驗。年僅十二個月大的人類嬰兒也展現了複雜的隱含認知能力，在成年後，大部分的人還會得到外顯認知的能力，讓我們能有意識的思考自己和他人的心靈。[20]

但這樣還是沒有解答一個問題：為什麼呢？為什麼我們會得到覺察自我的能力？隱含後設認知，也就是我們各種無意識的自動駕駛，在不需要覺察自我的情況下也能順利運作，既然如此，為什麼我們仍會演化出自我覺察呢？

第三章
如何閱讀他的想法

受感官訊號限制的幻想構成了我們對實體世界的理解，同理，有關自己和他人行為話語的感官訊號所限制的幻想，也構成了我們對自己和他人心靈世界的理解。

——克里斯．費斯（Chris Frith），《建構心靈》（Making Up the Mind）

可惜我們無法回到過去衡量祖先的自我覺察。但是，關於自我覺察的起源，有一個很棒的說法是這樣的：在人類演化史的某一個時刻，我們發現追蹤其他人的想法、感受和行為，是很重要的事。思考「席拉知道，約翰曉得珍娜不知道有多餘的食物」這類問題所需的能力，心理學家稱之為心智理論，簡稱讀心。我們的祖先在發展出讀心能力後逐漸發現，這個工具也可以用來對自身進行思考。

人類歷史的這個轉變可能發生在七萬到五萬年前，當時，人類的心智產生了重大的認知變化。從考古學家發現的文物可以看到，這個時期穿戴手鐲和珠子等珠寶的習慣變得越來越平常，顯示人類開始瞭解並在意他人對自己的看法。最早的洞穴畫作也出現在相近的時期，包含法國肖維（Chauvet）、印尼蘇拉威西（Sulawesi）等地。這些令人難忘的作品內容，有些是藝術家本人的手印，有些是野牛或豬等栩栩如生的美麗畫像。我們無法得知他們創作這些藝術的確切原因，但顯然這些人類早期的藝術家明白自己的畫作能影響其他人類，甚至是神靈的心靈。[1]

「對自我的意識」深深連結於「對他人的意識」，這點是牛津學派哲學家吉爾伯特·賴爾（Gilbert Ryle）率先提出。賴爾認為，我們反思自身的方法，就是把用來瞭解他人心靈的工具應用在自己身上：「我對於自己所能瞭解的事物，和我所能瞭解有關他人的事物是相同的，用以瞭解這些事物的工具也大致相同。[2]」有幅《紐約客》雜誌的漫畫精準地點出了賴爾的觀點，在漫畫中，丈夫對他的妻子說：「我怎麼會知道我在想什麼？我又不會讀心術。」

我第一次接觸賴爾的觀點，是在倫敦大學學院完成博士學位之後。當時我搬到紐約，在大腦運算模型專家奈森尼爾．道爾（Nathaniel Daw）的指導下擔任博士後研究員。那次擔任博士後研究員，我有兩個主要目標：一是學習數學（我早在青少年時期就放棄了這個科目），二是思考建立自我意識運算模型的方法。我本來只打算在紐約大學待一到兩年，但還好我留下來了，會這麼說有兩個原因：多出來的時間讓奈森尼爾和我有機會搞清楚我們的後設認知模型（我們花費的時間遠遠超出預期，這點跟所有的科學研究一樣），也讓我認識了後來的老婆。

奈森尼爾和我開發的模型，稱為「後設認知的二階模型」（second-order model of metacognition）。這個模型的論點是，我們反思自身時與思考他人時使用的運算機制是相同的，只是輸入的資訊不同罷了。如果這種對自我意識的二階式觀點是正確的，我們應該有辦法透過研究「社會認知」——特別是我們思考其他心靈的方式——瞭解自我覺察的運作方式。[3]

思考心靈

讀心的關鍵特色是遞迴性，例如「基斯相信，凱倫覺得他（基斯）希望她出錢買電影票」。遞迴過程中的每一層都可能與現實不符。舉例來說，凱倫也許根本什麼都沒想；就算她真的這麼想，基斯也可能不希望她出錢買票。讀心的成敗經常取決於我們是否能明白他人對某件事的看法也許和我們不同。有時候這很難做到，就像另一幅《紐約客》漫畫的標題寫的：「我當然在乎在你想像中我認為你覺得我希望你有的感受」。

很多的誤會會產生，都是因為我們想像中他人的想法與他人實際上的想法之間有所落差。一九八一年，時任美國總統卡特到日本一所大學發表演講時說了一則笑話，但翻譯只花了極短的時間就翻譯完成了，而且臺下的日本觀眾笑得比過去美國國內的觀眾還要大聲。後來他問口譯員是怎麼翻的，最後口譯員終於承認他翻譯的內容是：「卡特說了笑話，現在大家開始笑。」

成年人經常可以毫不費力地讀心，不必要每次都先想「誰知道什麼」。在日常對話中，我們對彼此心裡的狀況會有一些共同的假設，可以心照不宣知道「我們知道什麼、他知道什麼」。例如我傳訊息給老婆「我在路上了」，而她會知道我指的是我在前往托兒所接兒子的路上，而不是在回家、去動物園或火星的路上。但如此流暢的讀心能力並非與生俱來，也不一定會在發育過程中出現。

在一項測試讀心能力的經典實驗中，研究人員告訴兒童以下的故事：麥西把巧克力放在櫥櫃裡，媽媽趁麥西不在時把巧克力從櫥櫃移到抽屜。麥西回來時會去哪裡找巧克力？只有在兒童能明白麥西依然以為巧克力在櫥櫃裡（這是所謂的錯誤信念——false belief，因為與現實不符）時，才有辦法正確回答這個問題。四歲以前的兒童經常答錯，他們會說麥西會到抽屜去找（巧克力的實際位置），而不是到櫥櫃（他以為巧克力的所在位置）去找。患有自閉症的兒童常常無法通過這類的錯誤信念測驗，顯示他們沒辦法順暢地追蹤他人的心理狀態。自閉症患者對於讀心的困擾有時候很明確，有一項實驗結果顯示，自閉症兒童在排列隱含物理順序的圖片（例如岩石滾落山丘）時，大勝年齡相近的兒童，但是他們無法排列「需要瞭解心理狀態變化才能理解的圖片」（例如女孩因為有人移動她的泰迪熊而大吃一驚）。[4]

在測試兒童的自我意識時也發現類似的發展。學者席孟娜・蓋提（Simona Ghetti）做過一項實驗，要三歲、四歲和五歲的兒童分別記憶船、嬰兒車、掃把等物品圖畫的順序。接著，研究人員會拿出一組兩張的圖畫，問兒童哪一張是他們看過的。出示每一組圖畫後，研究人員會拿出另一組孩子的照片（照片上的孩子表情分別顯示「非常不確定、有點不確定、確定、確定」），要求受試的兒童從這些照片中選出一張最符合他們感受的，以此來顯示他們對自己答案的信心。

各歲數的兒童在記憶力的表現差不多，也就是說他們忘記的圖片數量差不多相同，但是他們的後設認知能力卻大不相同。三歲兒童對於自己正確和錯誤答案的信心評等幾乎相等，也就是說他們「分辨自己是對是錯」的能力很弱。相較之下，四歲和五歲兒童則展現了良好的後設認知能力，他們較可能為了得到獎勵，提出信心程度高的答案，正如同做選擇題的成年人可能會選擇跳過不確定的題目。兒童到了四歲就有能力察覺自己可能犯錯，而謹慎地暫時擱置答案。[5]

驚人的是，兒童發展出讀心能力（亦即推測他人是否以不同方式看待世界），與發展出外顯的後設認知能力，兩者差不多是在相同的時間。這兩種能力都要求我們抽離現實，去察覺自己所相信的事物可能與現實有所偏離。換句話說，若要明白我們對世界的判斷有可能錯誤，必須使用的機制，恰好等同於「察覺他人的錯誤信念」相同的機制。

為了驗證這個論點，有一項研究先是讓兒童看「騙人的」物品，例如一個石頭（其實是海綿），以及一盒巧克力糖（裡面裝著鉛筆）。研究人員問兒童他們剛看到這些物品時覺得它們是什麼，三歲的兒童會回答他們本來就知道，那個很像石頭的東西其實是海綿，而且巧克力糖盒子裡裝的是鉛筆。但到了五歲，大部分兒童已有能力理解到，自己的第一印象是錯的，也就是說他們成功產生了自我懷疑。這項實驗的另一個版本要兩個兒童面對面坐下，並在他們中間的桌上放著各種盒子。每個盒子裡都裝著一樣驚喜物品，像是硬幣或一塊巧克力，而研究人員會告訴其中一個兒童盒子裡裝了什麼。在受試的三歲兒童中，只有一半能正確察覺自己在他人告知前並不知道盒子裡有什麼，但到了五歲，所有兒童都能察覺自己不知道。[6]

這一切有可能只是巧合，也許「後設認知」和「讀心」是兩種截然不同的能力，只是剛好在差不多的時期發育。也有可能兩者其實緊密相關，形成一個良性循環：好的後設認知能力能促進讀心能力進步，反之亦然。這個假說有一種驗證方式，那就是研究孩子讀心能力的高下，是否能在統計上預測後來自我意識的發展。至少有一項研究發現兩者確實有此關聯：四歲時的讀心能力，能預測未來的自我意識（此實驗控制了語言發展差異）。這個假說的另一種驗證方式是研究兩種能力（後設認知和讀心）是否會互相干擾，如果會，就代表兩者仰賴相同的心理資源。最新的研究成果印證了這個預測：思考他人的感受，會擾亂我們反思自身工作表現的能力，但不會影響工作表現或信心的其他層面。這就是自我意識與對他人的意識仰賴相同神經機制的證據。[7]

然而自我意識並非憑空出現。正如前一章提到的，嬰兒早在十二個月大時就具備了自我監控的組成要素。藉由監控眼球動態，我們有可能在小於三歲的幼兒身上，偵測到他們也對錯誤信念很敏感的明顯跡象。差不多從兩歲開始，兒童就會根據父母或老師制訂的規矩衡量自己的行為，並展現出帶有自覺的情緒，譬如在未達成期望時感到罪惡感和羞愧、在成功時感到驕傲。達爾文預知了後設認知與自覺情緒之間的關聯，他曾寫道「思考別人對我們的想法……會讓人臉紅。」[8]

知道鏡子是什麼，加上語言的流利度，很可能也促成了兒童的自我覺察發展。在知名的鏡像測試中，研究人員在受試者的身體上做了記號，如果他們出現想要抹掉記號的動作，就證實他們認出鏡中的人是自己，不是其他人。兒童通常在兩歲時就能通過這個測試，顯示他們開始覺察自己身體的存在。是否能在鏡子中認出自己，也能預測兒童使用人稱代名詞（如「我」、「我的」）的頻率，這顯示了對身體的意識是產生更廣泛自我覺察的重要前兆。[9]

語言流利度同樣能促進遞迴思考。後設認知與讀心必備的心理能力使用相同的語言工具，那就是思考「我相信某件事」或「她相信某件事」。我們用來談論心理狀態的詞彙，例如「相信」、「想」、「忘記」、「記得」，在兒童時期出現的時間比形容身體狀態（餓！）的詞彙要來得晚，這同樣不是巧合。在英語、法語、德語中，這種語言發展的轉變出現在兒童獲得理解他人心靈能力的時候。[10]讀心和語言一樣具有遞迴性，必須在自己的心理狀態中納入他人在你認知中的心理狀態。

看著自己的孩子或孫子發展出自我覺察，是一種很神奇的經驗。我的兒子十八個月大時，我們搬到了一棟新公寓，屋裡玄關有一面全身鏡。有天下午，我們準備去公園散步，我靜靜地看著他測試自己在鏡中的身影，緩緩地左右擺頭，看著鏡子中的自己，同時慢慢將一隻手放進嘴裡（典型的「鏡像觸摸」），然後轉過頭來對著我笑。

自我覺察最早的跡象，與小時候「很喜歡玩」可能也有關聯。初期證據顯示，自我覺察的跡象（例如認出鏡中的自己、使用代名詞）與兒童是否會進行假裝遊戲（像是把香蕉當成電話，或是為泰迪熊舉辦盛大的下午茶派對）有關。後設認知的出現可能讓兒童察覺想法與現實之間的差異，因此，他們會為自己創造想像的世界。孩子們遊戲中看到的後設認知跟讀心，也出現於成年人欣賞戲劇和小說時所扮演的角色。我們永遠不會停止假裝，只是假裝的重點改變了。[11]

我們在兒童身上發現的自我覺察前兆當中，有一些（不是全部）也出現在其他動物身上。紐約布朗克斯動物園（Bronx Zoo）的黑猩猩、海豚和一頭大象都通過了鏡像測試。黑猩猩還有辦法知道他人能看到什麼、看不到什麼。舉例來說，牠們知道戴著眼罩的人沒辦法看見食物。狗也具備同樣複雜的觀點轉換能力，例如，牠們會趁實驗人員不注意時偷食物，或在主人要玩我丟你撿時選擇主人視線中的玩具。但是似乎只有人類有辦法瞭解，他人心目中的世界可能與我們截然不同。舉例來說，黑猩猩A看見：黑猩猩B看向另一邊時，屬於B的美味點心被移走了（這跟上述的麥西測驗類似），但黑猩猩A似乎無法利用這個資訊，偷走B的食物。確實，這麼做在運算上的難度更高，要察覺一種信念可能是錯誤的，就必須同時面對這個世界的兩種不同模型，而人類的大腦已經找到了這麼做的辦法，並在過程中獲得了思考自身的獨特能力。本章接下來就會解釋，人類為什麼具有這種魔術般的能力。[12]

反思自身的機制

倫敦的亨特博物館（Hunterian Museum）保存了各式各樣的大腦，收藏的解剖學樣本令人嘆為觀止，來自活躍於十八世紀啟蒙運動高峰的蘇格蘭外科醫師兼科學家，約翰·亨特（John Hunter）。這些大腦都以訂製的罐子保存，展示在一個有著優雅旋轉樓梯的房間裡。這些大腦都曾幫助它們的主人觀察環境、尋找食物，以及（幸運的話）找到伴侶。在被泡在甲醛中永久保存之前，這些大腦中的複雜神經元網路也都曾發射電脈衝，確保大腦的主人能活著。

每次到亨特博物館看人類大腦的時候，我都會有一種詭異的感覺。一方面，我知道人腦都是精良的資訊處理裝置，迥異於那裡展示的其他動物大腦。但每當我看著那些罐子，總是擺脫不掉一種近乎宗教性的敬畏感受。每一個人腦都曾經知道自己活著。為什麼人類的大腦具備額外的遞迴層次，讓我們能覺察自己呢？其中神秘的元素是什麼？這神秘的元素真的存在嗎？

如果把人類與其他動物的大腦加以比較，或許能獲得答案。一般推測，就人類的體型而言，我們的大腦特別大。這麼說雖然沒錯，但事情可能跟你想的不一樣。其實比較大腦和體型的尺寸並沒有什麼用，這就像是因為筆記型電腦的體積比較小，就宣稱同一張晶片裝在筆記型電腦上，會比裝在桌上型電腦上要來得強大一樣。這樣的比較無法告訴我們不同物種（包括我們人類）的大腦有何異同。

正確比較不同物種大腦的方式，是估算神經科學家蘇珊娜．賀古拉諾——霍澤（Suzana Herculano-Houzel）所謂的「大腦湯」（brain soup）中的神經元數量。將不同物種已死亡的大腦放進攪拌器，可能有辦法根據大腦的質量算出大腦中實際含有多少細胞，進而使我們能做出有意義的比較。

辛苦比較了各種形狀的大腦後，霍澤發現一個有趣的模式。靈長目（包括猴子、黑猩猩等猿類，還有人類）大腦的神經元數量與大腦質量呈現線性關係。也就是說，如果有隻猴子的大腦是另一隻猴子的兩倍大，我們可以推測神經元數量也會是兩倍。但在齧齒目（像是大鼠、小鼠）的大腦中，神經元增加的速度比較慢，而且會漸趨平緩，呈現所謂的乘冪定律（power law）關係。這表示，要讓齧齒目大腦神經元變成十倍，就必須讓它的質量變成四十倍。就相同的腦容量而言，齧齒目儲存神經元的效率比靈長目要來得差多了。[13]

這個結果必須放到我們所知的人類演化脈絡中看。演化不是從壞到好的單行道，而是一種開枝散葉的過程。我們可以把演化想像成一棵樹，在靠近根部的地方，我們與其他動物有共同的祖先，但其他物種早在數百萬年前就與我們分道揚鑣，持續產生分支的分支。所以，智人並非位居演化之樹的「頂端」（演化並沒有所謂的頂端），只是其中一個分支罷了。因此我們非常震驚地發現，與齧齒目相同的神經元遞增規律，竟然會同時出現在約一億五千萬年前與靈長目分家的族群（非洲獸總目，包括非洲象），以及相對較晚分家的族群（偶蹄目，包括豬和長頸鹿）身上。不管靈長目在演化樹上的位置為何，似乎都屬於演化的例外，但人類相較於其他靈長目動物並不存在這種差異。[14]

靈長目的獨特之處在於，就相同的腦容量而言，牠們儲存神經元的方式異常地有效率。換句話說，雖然牛和黑猩猩的大腦重量相似，我們卻能推測黑猩猩的神經元數量大約是牛的兩倍。而人類的大腦又是所有靈長目動物中質量最大的，這讓我們在神經元數量上取得絕對的優勢。所以，我們的大腦之所以特別，在於兩個原因：第一，我們是靈長目；第二，我們的頭很大！[15]

擁有較多神經元，這樣是什麼意義呢？其實我們不太清楚，但有可能這讓我們可以把更多的處理能力，投入所謂的高階功能，例如像自我覺察這種用途不只是維護重要功能（像是體內恆定、知覺和行動等）的功能。我們知道人類大腦中有很大部分的皮質無法輕易歸類為感覺皮質或運動皮質，這些皮質在傳統上被歸類為意義有點模糊的整合皮質（association cortex），代表這些區域協助許多不同輸入或輸出之間的整合或連結。

不管怎麼說，有一件事很清楚：人類大腦中的整合皮質，發展得要比其他靈長目動物要來得好。舉例來說，如果以顯微鏡觀看人類前額葉皮質（屬於整合皮質的一部分，位於大腦前端）的不同部位，有時候能發現絲帶般的皮質外覆蓋了一層額外的腦細胞，也就是所謂的顆粒層（granular layer）。我們還沒完全參透這一層額外的細胞有什麼功能，但它作為比較不同物種大腦的解剖標誌，非常有效。人類前額葉皮質的顆粒層比猴子要來得大，皺摺也比較多，而齧齒目動物則完全不具備顆粒層。整合皮質的這些區域（特別是前額葉皮質）似乎對人類的自我覺察特別重要。[16]

我們在實驗室中進行的許多實驗，目的都是瞭解人類大腦有哪些部位能協助產生自我意識。假設你到我的實驗室「惠康人類神經影像中心」擔任志願受試者，我們會確認你身上沒有任何金屬製品之後，讓你去做磁振造影MRI（它會產生強烈的磁場），然後你會看到投影螢幕的許多指示。MRI運作的同時，我們會問你一連串的問題：你記得看過這個字嗎？你覺得哪一張圖片比較亮？有時候我們也會要你思考自己的決定：你對自己的答案有多少把握？

MRI的運作方式，是使用強烈磁場和無線電波脈衝，精確地判斷人體中組織的位置與種類。我們可以為志願受試者的大腦建立高解析度的三維圖像，藉由微調掃描儀器的設定，每隔幾秒就快速拍下一張照片，藉此追蹤大腦不同部分的血氧濃度變化（這就是所謂的功能性磁振造影，簡稱fMRI）。因為越活躍的神經活動需要越多氧氣，血氧濃度可以作為神經活動的有效指標。相較於快速的神經元活動，fMRI的訊號非常緩慢，但藉由套用統計模型，我們可能有辦法重建出圖像，顯示人在從事某件工作時，大腦哪些區域比較活躍、哪些比較不活躍。

如果你進入fMRI掃描儀器，然後想著跟自己有關的事，則科學家會觀察到你的整合皮質會有兩個關鍵部位產生變化：內側前額葉皮質（medial PFC）和內側頂葉皮質（medial parietal cortex）（又稱為楔前葉 precuneus），有人將這兩個部位合稱為皮質中線結構（cortical midline structures），如第九十七頁的圖片所示，這張圖片是用一種軟體產生的，這個軟體能搜尋符合特定檢索詞的大腦活化模式的文獻，而這張圖片使用的檢索詞是「自我指涉」（self-referential）。在某些實驗中，受試者在判斷「善良」或「焦慮」等形容詞是否適用於自己或英國女王等名人時，內側前額葉皮質出現了強而有力的活動。回想有關自己的事情，像是上一次舉辦生日派對是什麼時候，也會活化相同的區域。驚人的是，我們在思考有關他人的事情時，也會使用相同的大腦區域，這符合賴爾所提出讀心與自我意識使用相同系統的觀點。[17]

大腦成像是非常有用的工具，但它必須在「掃描儀器觀察到某人在所做或所想的事」與「此人的神經活動模式」之間建立了關聯性之後，才能發揮功用。大腦成像無法告訴我們，某個區域或某種活動模式是否與特定認知過程具備因果關係。要知道是否有因果關係，我們必須使用刺激性技術，像是穿顱磁刺激（transcranial magnetic

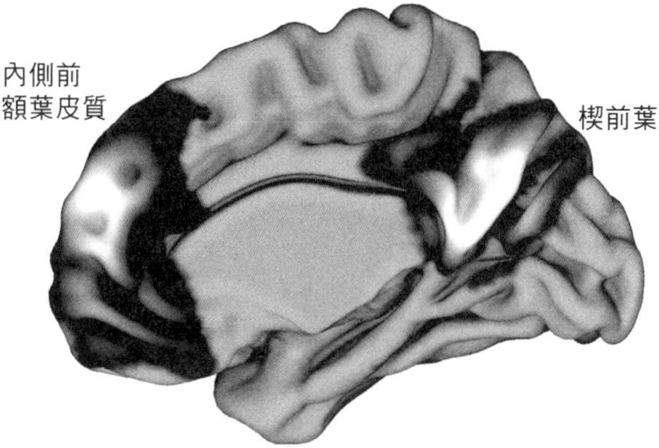

使用後設分析工具 NeuroQuery 針對「自我指涉」這個詞進行檢索所得到的大腦中線表面的活躍狀況。
（https://neuroquery.org，於 2020 年九月存取。）

stimulation，TMS），這種方法利用強烈的磁脈衝暫時擾亂大腦皮質特定區域正常的神經活動。對頂葉中線進行穿顱磁刺激時，會影響「人們選擇哪些形容詞與自己有關」的速度，這表示頂葉中線平常的大腦活動對反思自身相當重要。[18]

如果這個部位的神經網路受損，可能會導致自我覺察產生變化，讓我們真正失去認識自己的能力。腦部損傷可能導致後設認知能力出現問題的證據最早發現於一九八〇年代中期。亞瑟．島村（Arthur Shimamura）當時在加州大學聖地牙哥分校擔任博士後研究員，他針對知名病患「HM」進行後續研究。

先前HM為了治療癲癇而接受腦部手術，卻從此無法產生新的記憶。手術切除了HM的內側顳葉，而內側顳葉包含了負責記憶的海馬迴。島村有些病患和HM一樣，顳葉曾受到損傷，因此很多人都有失憶的問題。令人感到意外的是，許多病患同時不自覺自己的記憶有問題。實驗室測驗顯示他們的後設認知能力低落，他們無法判斷自己對答案有多少把握。

後來發現這群後設認知能力低落的病人患有高沙可夫症候群（Korsakoff's syndrome），一種與酗酒相關的疾病。除了大腦中與記憶儲存有關的結構受損外，高沙可夫症候群患者在包含前額葉皮質的額葉也經常出現損傷。島村的研究率先指出，前額葉皮質對後設認知也很重要。[19]

但是這個驚人的發現存在一個疑慮。島村所有的病患都患有失憶症，所以，也許他們後設認知能力的缺陷，是源於記憶的問題。這點出了我們在詮釋自我覺察的科學研究時必須謹記在心的一件事：假如一個族群在知覺、記憶、決策等方面的能力都比另一個族群要來得弱，那麼他們的後設認知能力比較低落這件事，就不太值得研究了，因為這很可能只是其他認知過程變化而產生的結果。但是，如果不同族群或個人在工作執行的層面表現相當，而後設認知能力依然存在差異時，我們就能更有把握地說，我們已把自我覺察的變化獨立出來，而且這個變化是無法以其他因素解釋的。

為了控制潛在的混淆變數，島村必須找到後設認知能力受損，但記憶完整的病患，他和同事在一九八九年發表的第二篇論文中報告了相同的結果。一群前額葉皮質受損的病人，記憶相對完整，但是後設認知能力受到損害。看來，某些大腦區域（例如內側顳葉）的損害可能導致記憶缺陷，卻不會影響後設認知能力，而其他大腦區域（例如額葉）的損害會導致後設認知能力受損，但不影響記憶。這種現象稱為雙重分離（double disassociation），在神經科學中非常罕見。[20] 雙重分離清楚地顯示，自我覺察仰賴特定的大腦活動，並可能選受到損傷或疾病的影響。

大約在同時，後設認知研究的先驅之一湯瑪斯・尼爾森（Thomas Nelson）觀察到一個令人費解的現象，也能以島村的發現進行解釋。尼爾森愛好登山，於是他結合心理學與登山兩種興趣，在與朋友一同攀登聖母峰時測試朋友的記憶力。極端的高度並未影響登山者完成簡單記憶測驗的能力，卻影響了後設認知能力，讓他的朋友們變得較無法準確預測自己是不是知道正確答案。聖母峰頂端（八千八百四十八公尺）的大氣含氧量大約只有海平面的三分之一。缺氧對前額葉皮質的功能影響特別大，這或許就是為什麼登山者會暫時出現與島村的患者類似的症狀。[21]

幾年後，大腦成像技術的發明讓學界能衡量運作中的健康大腦，可以直接檢驗這項假說。高雲清（Yun-Ching Kao）與同事要求受試者記憶一連串的圖片（例如山景、房子裡的房間），同時使用 fMRI 將他們大腦活動的變化加以視覺化。每看完一張圖，他們會問一個讓受試者發揮後設認知能力的問題：你以後會記得這張圖嗎？高雲清根據受試者是否真的記得圖片，以及他們是否預測自己會記得圖片，將大腦活化的情況進行分類。「記得圖片」與顳葉活動的增加有關，這點跟預期的一樣，但是顳葉與後設認知能力無關。與後設認知判斷相關的是內側前額葉皮質的活化，當受試者預測自己會記得某件事時，這個部位會比較活躍，無論事後他們是否真的記得。後設認知能力較好的人，這個部位的活動最強。健康大腦的成像支持島村從失憶患者身上得到的結論：前額葉皮質是自我覺察的重要樞紐。[22]

多數人在成年後都對思考自己和他人所知的這項能力駕輕就熟。安東尼・維卡洛（Anthony Vaccaro）和我最近全面回顧了有關讀心和後設認知的文獻，製作出一張大腦地圖，統整多篇論文所提出的大腦活化模式。總體而言，後設認知能力運用的區域，相較於讀心運用的區域，位於大腦的背側（上方）和後方。但是，後設認知與讀心兩種能力活化的大腦模式有很明顯的重疊，出現在腹內側前額葉皮質與前內側前額葉皮質。看來，我們思考自身與思考他人時，確實是使用相似的神經機制，與賴爾對於自我意識產生的二階觀點相符。[23]

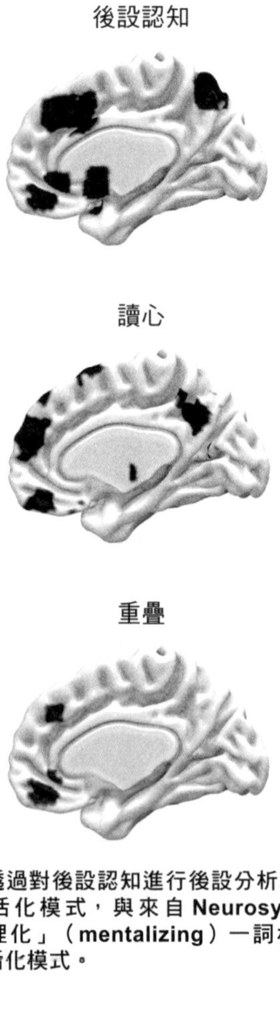

比較透過對後設認知進行後設分析取得的大腦活化模式，與來自 Neurosynth 與「心理化」（mentalizing）一詞相關的大腦活化模式。

遞迴突破性的力量

我們看到動物也具備許多自我覺察的前兆。後設認知不是一門非黑即白的科學，而是遊走於深淺不一的灰色地帶。其他動物至少具備隱含後設認知的能力：牠們有辦法追蹤對自己記憶和決策的信心，並利用這些估計指引未來的行為。也難怪我們有辦法在動物大腦中發現信心與後設認知在神經構造上的關聯性，像是齧齒目動物和猴子額葉與頂葉皮質的神經活動模式。[24]

要注意的是，自我覺察是一道光譜，並非截然的「有」或「無」。許多自我覺察的前兆都能在人類嬰兒身上看到。但是，人類的自我覺察發展程度之高，在大自然裡可能算例外，這是因為人類具有含大量神經元的整合皮質，再加上我們能流利使用語言，這兩者為建立遞迴性的深層自我模型提供了良好的運算基礎。[25]

先前說過，感官與運動皮質在組織上具有層次性，系統中有些部分與輸入來源比較接近，有些部分則位於處理鏈的較上層。現在的學界認為整合皮質也具備類似的層次性組織，舉例來說，在前額葉皮質中，越深層的大腦部位所形成的聯想就越為抽象，而與自我覺察相關的皮質中線系統，與主要感官與運動部位的連結似乎是最遙遠的。受試者靜靜地躺在掃描儀器裡面的時候，皮質中線系統的神經網路會活化，這並不是巧合。我們什麼事都不做的時候，思緒經常會飄到自己身上，思考過去和可能的未來。心理學家安道爾・圖威（Endel Tulving）將後設認知的這個層面稱為「自我覺知」（autonoetic），也就是對自己存在於過去回憶、當下知覺，以及未來預測中的意識。[26]

後設認知與讀心之間的連結，讓我們能一窺人類能獲得強大自我覺察能力背後的演化驅動力。當然，這大部分僅屬推測，因為我們難以得知如此遙遠的過去是如何塑造人類的心靈，但我們依然可以做一些有根據的猜測。多虧靈長目的神經元遞增規律，大腦皮質的快速擴張讓人類獲得前所未有的皮質神經元數量。這促成了前額葉皮質與大腦機制從原有的感覺——行動迴路產生進一步的分工。

但霍澤指出，若不是因為攝取的熱量激增，人類大腦無法有如此大幅度的擴張。而人類攝取的熱量之所以會增加，很可能是因為社會合作產生更精細的狩獵與烹飪方法，而這又使得大腦皮質進一步擴張，產生更精密的合作、使人類得以攝取更多熱量。這樣的良性循環可能導致人類重視與他人協調合作的能力。我們已經看到，後設認知在社交場合中能提供獨到的優勢，讓我們彼此分享心事、分享知覺和認知資源。而讀心的能力則讓我們將原本單向的表達轉換成他人所思所感的理解。許多動物都具備自我監控的能力，但只有人類有能力（並需要）明確地表達自己和他人心中所想的事。[27]

讓我們回顧到目前為止談到的內容。我們知道簡單的系統是如何估計不確定性並進行自我監控，而後設認知的許多組成要素都能在無意識中運作，這些神經系統中的「自動駕駛裝置」在動物界和人類發育早期都能看見。自我覺察在幼兒身上持續發展，在三歲到四歲之間逐漸成形，但這僅只是人類一生自我反思的開端而已。在下一章中，我們將會看到成年人的自我意識是如何持續受到各種因素的衝擊和形塑。只要能利用這些因素，我們就有了增進和塑造自己反思能力的工具。

第四章
自我的意識

失去自我這種最大的危險，可能在世界上悄無聲息地散播，彷彿什麼事也沒發生。失去其他事物，像是手臂、一條腿、五塊錢、妻子等等，我們卻一定會注意到。

——索倫．齊克果（Søren Kierkegaard），《致死的疾病》（The Sickness unto Death）

二〇〇二年二月十二日，NBC記者吉姆．米克拉瑟斯基（Jim Miklaszewski）問了時任美國國防部長倫斯斐（Donald Rumsfeld）一個問題，問題關乎伊拉克政府擁有大規模毀滅性武器的證據。倫斯斐的回答後來變得很有名：

我們都知道，世上存在「已知的已知事件」（known knowns），也就是我們知道我們知道的事情。我們也知道，世上存在「已知的未知事件」（known unknowns），也就是說，我們知道有些事情是我們不知道的。但是，世上也存在「未知的未知事件」（unknown unknowns），也就是我們不知道我們不知道的事情。綜觀我國和其他自由國家的歷史，最後一種通常是最難應付的。

已知與未知的未知事件，通常是在對外界世界（例如武器、經濟風險）進行判斷時會用上的概念。倫斯斐的論點促成了美國入侵伊拉克，讓白宮與英國政府達成共識，認為若不插手一個「未知的未知事件」，那會很危險。而這個事件，就是最終證明不存在的大規模毀滅性武器。我們可以把相同的分類方法應用在我們對自身的判斷上，作為量化自我覺察的工具。

初次碰到這個概念時，你可能會覺得很奇怪，但我們可以用書籍的索引作為類比。索引中的每一個條目，都指向書內記載著該主題的頁數，我們可以把索引當成是書本對於自身的知識。一般來說，書本的後設認知會是正確的——索引中的條目會與記載著該主題的頁數相符。但如果製作索引的人犯了錯誤，多寫了一條不重要的條目，那就代表書本的後設認知是錯誤的：索引「認為」書中包含有關某個主題的頁數，事實上卻沒有。同樣地，製作索引的人如果忽略了重要的主題，書中就會包含索引「不知情」的資訊——這也是後設認知錯誤的狀況。

人類心靈後設認知的運作機制與索引類似，能讓我們大致瞭解自己知道什麼、不知道什麼。有些事情是我們知情，而且我們知道自己知道的（索引與書的內容相符），像是演員知道自己有辦法記住臺詞。有些事情是我們知道自己不知道，或沒辦法知道的，像是如果沒寫下來，我們很可能會忘記購物清單上的許多東西。還有一些事情如同倫斯斐口中的未知的未知事件：我們不知道自己不知道的——這就是自我覺察失能的時候。

自我覺察的衡量與量化，在心理學界有一段複雜的歷史，儘管有些心理學界的先驅對這個主題很感興趣。威廉·馮特（William Wundt）早在一八八〇年代就開始蒐集有關人們知覺和感受的系統性資料，他在實驗室裡花了上千小時，努力不懈地記錄受試者的判斷。他的研究成果成為所謂的內省法（introspectionism），但內省法因為不可靠、精準度不如科學其他分支而招致批評，部分原因在於當時沒有工具可以分析馮特收集的資料。這使得早期的心理學家分裂成兩個陣營。一個是行為主義者（behaviorist），他們認為自我覺察並不重要（想想迷宮中的老鼠）；另一個陣營則是佛洛伊德的追隨者，他們相信自我覺察很重要，但認為自我覺察應該以心理分析研究，而不是在實驗室裡做實驗。[1]

兩個陣營都有正確和錯誤的地方。行為主義者正確之處，是他們認為心理學需要縝密實驗，但他們錯在認為人們的自我覺察在實驗中不重要。佛洛伊德學派認為自我覺察很重要，並有辦法形塑與改變，這個觀點是正確的，但他們錯在以敘事方式進行研究，而不是進行科學實驗。也許這聽起來很矛盾，但要建立自我覺察的科學，我們不能只仰賴別人告訴我們的事。如果你的後設認知能力不佳，你就不會知道自己後設認知不佳。我們需要的是量化的方法。[2]

最早嘗試將後設認知準確度量化的人，是一九六〇年代在史丹佛大學的一名年輕研究生喬瑟夫·哈特（Joseph Hart）。哈特發現，人們知道的事情通常比他們記得的還要多，這兩者之間的差距讓我們得以一窺後設認知的運作。舉例來說，要是我問你「歌手艾爾頓·強的本名叫什麼？」你可能會有一種很強烈的感覺，覺得自己知道答案（即使你並不記得）。心理學家將這種答案呼之欲出的感受稱為「舌尖現象」。哈特發現，在回答一系列問題時，這種感受的強度可以預測人們是否能在事後辨識出正確答案。換句話說，人們對自己知道的事情會有很準確的感受，即使他們記不起答案也一樣。[3]

哈特的方法是發展自我覺察量化指標的關鍵。他的研究顯示，我們有辦法蒐集有關人們對自身判斷的系統性資料，並用來與他們實際上的認知表現進行比較。舉例來說，我們可以問人們以下問題：

- 你有辦法學會這個主題嗎？
- 你對自己是否做了正確決定有多少把握？

• 你昨天真的有和老婆說話嗎？還是那是你夢到的？

要回答這些問題，必須判斷另一種認知過程（以上述三個問題而言，分別是學習、決策和記憶）是成功與否。無論是哪一種認知過程，我們都可能有辦法評估我們的判斷是否與表現相符：「有關學習的判斷」是否與「實際學習表現」相關、「對決策的信心」是否與「能提升做出良好決策的可能性」相關，等等。如果能在多種不同的情境下觀察你的信心，並記錄你的答案是否正確，我們就能建立出關於你的後設認知準確度的詳細統計圖表。我們可以用以下表格整理你的回答：

	有信心	較無信心
正確	A	B
錯誤	C	D

每次判斷都可能落在前述表格中的某個方格內，而各方格內判斷數量的相對比例，

可以作為衡量你後設認知準確度的量尺。通常，後設認知能力較佳的人，在判斷正確時較有信心（方格A），在判斷錯誤時較無信心（方格D）。相較之下，後設認知能力較差的人有時候會在判斷錯誤時充滿信心（方格C），或是不知道自己的判斷其實是正確的（方格B）。得到的A和D越多、B和C越少，就代表後設認知能力越強——這就是具備良好的後設認知敏感度。

「後設認知敏感度」與「後設認知偏差」有著細微卻重要的差異，後者是我們整體的信心傾向。我可能自信過度，但我還是能有很高的後設認知敏感度，因為我每次犯錯自己都能意識到（表格中的D）。我們可以透過將統計模型中的參數代入人們的信心評級，來量化人們的後設認知敏感度。新開發的模型越來越複雜，但是概念上都是一樣的，那就是將自我評估與判斷實際正確性的符合程度量化。[4]

是什麼造成後設認知能力的高下區別？

我剛在倫敦大學學院攻讀認知神經科學博士時，大腦成像研究（前一章有提到）才剛開始告訴科學家自我覺察的神經基礎。但當時還沒有精準量化後設認知所需的工具，因此我一面讀博士，一面把開發這類工具當作副專案，主要心力放在學習如何進行與分析大腦成像實驗。直到我就讀博士的最後一年，一次偶然的討論才讓我驚覺，這種工具可以與神經科學結合，用來研究自我覺察。

二〇〇八年一個晴朗的七月天，我在皇后廣場與雷孟娜．威爾（Rimona Weil）共進午餐，她正參與學者格蘭特．里斯（Geraint Rees）在惠康中心的團隊，進行她的博士研究。她告訴我，她和格蘭特對兩件事很感興趣：每個人之間存在差異的原因，以及這些差異是否與大腦結構或功能中可衡量的差異有關。交談過程中，我提起我有關後設認知的副專案——我們幾乎是在同時發覺，我們可以聯手合作，瞭解大腦如何造成每個人後設認知能力的差異。當時我沒想到，這個專案竟然會成為我未來十年人生的重心。

雷孟娜和我將不同個體後設認知能力的差異，與大腦結構的細微差異做出連結，首度試圖找出可能負責後設認知能力的大腦網路。我們的實驗要受試者到實驗室接受兩種不同的測驗。第一種測驗中，受試者坐在安靜的房間裡進行一系列有關視覺圖像的困難判斷。這場測驗持續超過一小時，受試者必須做出上百個決定，判斷在兩張迅速閃過的圖片中，是第一張還是第二張裡面有比較明亮的區塊。每做完一次決定，受試者必須為自己的信心評分（最高為六分）。如果受試者答錯很多次，電腦會自動調低難度，如果作答很順利，電腦會把難度調高。這能讓我們專注衡量他們的後設認知能力——也就是他們是否能準確追蹤自己表現的變化。

每位受試者會得到兩個分數，分別衡量他們分辨視覺差異的能力，以及後設認知能力。我們發現，受試者在主要任務的表現差不多，但後設認知敏感度卻有很大的差異。

到了實驗的第二階段，同一批受試者回到實驗室，由我們用 MRI 掃描他們的大腦。我們蒐集兩種資料：第一次掃描讓我們能夠量化大腦不同區域中灰質（神經元的細胞體）

體積的差異。第二次掃描檢查了白質（大腦區域之間的連結）的完整性。我們參考針對大腦受損患者的其他研究發現，形成了一個假說：前額葉皮質中的差異與後設認知相關。但當時我們並不清楚這些差異會是什麼。

實驗結果很驚人，後設認知能力較佳的受試者，前額葉皮質在大腦最前端的部位——額極（frontal pole，又稱前端前額葉皮質 anterior prefrontal cortex 或前極皮質 frontopolar cortex）的灰質通常會比較多。此外，在他們連結額極的纖維束中，也有完整性較高的白質。這些發現顯示，我們可能發現了支援精準自我意識的大腦迴路。[5]

這些資料非常難取得，需要花好幾個小時進行心理物理學研究與大腦掃描。但一當資料彙集完成，分析工作出乎意料地很快速。分析大腦成像資料最廣泛使用（而且免費）的軟體工具叫作 SPM，是我們中心開發出來的。過去沒有人研究健康的大腦中後設認知的差異，但在寫了上百行的程式碼後，我們只要在 SPM 中按一下滑鼠就能知道是否有任何結果。看到螢幕中出現統計地圖，而非空白的大腦時，我們的興奮之情油然而生。

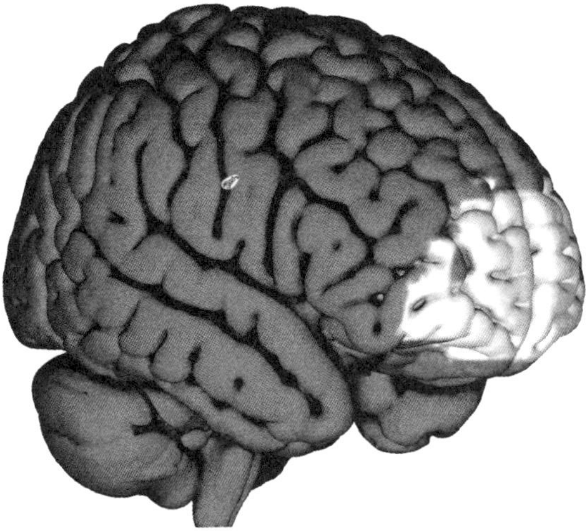

額極，屬於前額葉皮質的一部分

我們的研究屬於初探性質，只能以粗糙、間接的方式衡量大腦結構。事後看來，就這種類型的實驗而言，當時的樣本數可能太少，或者檢定力不足。「統計檢定力」指的是實驗是否能發現效果（假如效果存在的話）。需要的樣本數取決於你預期會發現的效果量。舉例來說，要判斷男性的身高在統計上是否比女性要來得高，我可能需要男女各抽樣十五到二十人，才能有信心地說兩者之間存在差異，並剔除樣本中可能存在的任何雜訊。但如果要判定兒童比男性或女性成年人要來得矮（效果量較大），我需要從各族群中抽出的樣本數會比較少。就大腦成像而言，現在我們經常面臨很小的效果量，特別是在比較不同個體之間差異的時候，因此，我們需要的樣本數量跟短短幾年前相比多了很多。[6]

令人寬心的是，其他實驗室也發現了前極皮質支援後設認知的證據。在科學領域中，用不同的方法能得到相同的發現，這樣的發現才有可信度。在日本，中村克樹的實驗室和我們在同一年發表了類似的研究，但他們衡量的是大腦的功能，而非結構。他們發現前極皮質的活躍程度能預測不同個體之間後設認知能力的差異。幾年後，與我合作的劉克頑（Hakwan Lau）在紐約哥倫比亞大學（Columbia University）的實驗室也得到了與我們相同的結果，再次證明後設認知能力較佳的人，額極的灰質體積會比較大。

一般認為位於前額葉皮質最前端的額極，在上一章提到的處理層次中位居最高層的位置。這麼說來，人類前極皮質與其他靈長目動物相比，是擴大幅度最大的大腦區域之一，很可能也不是巧合。牛津大學的研究人員對人類與獼猴大腦進行解剖學研究，發現兩者前額葉皮質中有許多相同的次區域，但在額極外側發現差異：人類大腦在此處似乎多了一個中繼站。[8]

從初始研究完成至今，我的實驗室已經累積了許多受試者進行不同任務的後設認知敏感度的量化資料。從這些資料中，我們很意外地發現，個體之間存在大量且一貫的後設認知差異。即使是執行難度相同的任務，有人不太知道自己的表現好不好，也有人很清楚自己是答對或答錯。後設認知的另一個特色是，在受控制的實驗室環境中，後設認知不太會受到任務執行的其他層面影響。即使你在任務上的表現很差，只要你自己意識到這一點（對自己錯誤的答案適當地降低信心），就代表你的後設認知運作良好。這就等同於知道自己對微積分一知半解，或是知道自己的外語說得不流利。自我覺察是發現自己愚蠢之處的利器。

透過這些使用後設認知量化工具的研究，得到了一些普遍的結果。首先，雖然人們經常過度自信（覺得自己比他人表現得好），他們對自己表現的波動仍具備合理的敏感度。經常有調查發現人們傾向覺得自己在駕駛技術、工作表現、智力等方面「優於平均水準」——這是過度自信的後設認知偏差（學者在這方面的表現最糟：一項研究顯示美國有百分之九十四的大學教授認為自己的教學表現「優於平均水準」，而這在統計上是不可能的）。雖然在評估自己時通常會有點誇大，我們還是有辦法在考試答錯或開車打錯檔時意識到自己的錯誤。[9]

我們還發現，後設認知和個人特質一樣，是一個人身上相對穩定的特徵。換句話說，今天測試發現你的後設認知能力不錯，到了明天還是會有一樣的結果。阿根廷神經科學家馬利安諾・西格曼（Mariano Sigman）將這種現象稱為後設認知「指紋」[10]。後設認知具備類似個人特質的性性，可能代表一個人的個性、認知能力和心理健康也協助形塑了他的自我覺察。在我們的一項研究中，翠喜亞・蕭（Tricia Sew）和瑪麗安・魯奧（Marion Rouault）要上百個人填寫有關他們心情、焦慮、習慣和信仰的問卷。我們從他們的回答中得出三組數字，分別代表心理健康的三項核心指標：焦慮與憂鬱、強迫行為、社交畏縮的程度。受試者在這三項指標上的表現可以預測他們的後設認知指紋（透過另外衡量得到）。比較焦慮的人通常較沒有自信，但是後設認知敏感度比較高，而有強迫傾向的人則相反。這個結果也符合「我們的心理健康變動時，會影響我們對自己的看法」的觀點。[11]

我們在這個實驗中加入了簡短的智商測驗，結果發現「智商」與「整體任務表現」有一致的關聯性，這不意外。但是，「智商」與「後設認知敏感度」之間則沒有關聯。我們的樣本有將近一千人，如果智商與後設認知之間存在系統性的關聯，我們應該能偵測到。智力與自我覺察之間沒有關聯的另一個證據，來自我在紐約大學擔任博士後研究員時，與紐約神經心理學家凱倫．布萊克蒙（Karen Blackmon）合作進行的研究。我們發現，剛動手術割除前端前額葉皮質腫瘤的患者智商與控制組差不多，但是後設認知敏感度卻嚴重受損。這很有趣，雖然自我覺察和智力都仰賴前額葉皮質，但我們用來靈活思考的大腦迴路，和思考「思考」這件事的大腦迴路卻有所不同。[12]

建構信心

我們已經知道，前額葉皮質階層的最高層次能接收來自大腦其他部位的資訊，那麼就能理解後設認知為何會有這麼抽象的性質了。這些層次就像廣角鏡頭，可以蒐集各種不同來源的資訊，讓我們建立起有關自身能力的抽象模型。這意味著，參與建立人類自我覺察的大腦迴路，位居「知覺」與「行動」之上，可以把「感官系統對不確定性的估計」與「有關行動成功與否的資訊」兩者結合起來。所以，本書一開始提到的自我覺察的兩個組成要素，在此合而為一。

新的實驗證據也符合這個觀點。舉例來說，使用穿顱磁刺激輕微地干擾參與行動計劃的大腦迴路，就可以改變我們對知覺判斷的信心，但不會影響我們做判斷的能力。同樣地，下定決心做出決定（例如具體說出刺激屬於A類或B類）就足以改善後設認知敏感度，這表示我們自身的行動能為支援自我意識的運算提供輸入資訊[13]。針對打字員的實驗也顯示，要偵測自身的誤差，我們必須同時追蹤自己的行動（按鍵盤），以及該行動所產生的知覺結果（出現在螢幕上的字）。如果我們在實驗中設計，讓電腦在打字員發現自己的錯誤前就自動為其修正（像是智慧型手機的預測選字功能），則打字員的速度會慢下來——這表示他們的大腦知道自己犯了錯——但不會承認自己犯錯。相反地，如果螢幕中會自動跑出來錯誤的字（例如打字員打的是word這個字，卻被電腦立刻改成worz），則打字員會上當，認為是自己犯了錯。

更廣泛地說，只有在**知道自己沒做到原本打算要做的事時，我們才會發現自己犯了錯**。露西·查爾斯（Lucie Charles）和史坦尼勒斯·狄漢（Stanislas Dehaene）兩名神經科學家也發現同樣的證據。他們發現：在刺激一閃而過、難以看見的情況下，誤差偵測的神經訊號會消失。用直覺想也很合理：如果我們看不見刺激，就只能瞎猜，沒有辦法察覺自己是否真的犯了錯。只有在輸入（知覺）和輸出（行動）清楚且不模糊的情況下，我們才有辦法有意識地評估自己的表現。[15]

這種支援後設認知的廣角鏡頭也代表，身體當下的狀態，對我們對自己表現的信心也有很大的影響。舉例來說，看到厭惡表情的臉孔圖片（會造成瞳孔大小和心率改變）在電腦螢幕上快速閃過（速度快到幾乎看不到），受試者完成非相關任務的信心會出現些微變化。在要求受試者辨識氣味時，身體狀態與自我意識之間也會出現互相影響的情形：他們通常對會激起情緒的氣味（例如汽油或丁香）比較有把握，對較平淡的氣味（例如香草或蒔蘿）比較沒把握。我們可以把這些現象想成第一章的視覺錯覺的後設認知版本。因為不同的情緒與身體狀態經常與日常生活中不確定性的感受相關，在實驗室中操縱情緒可能會對我們的後設認知判斷造成令人意想不到的效果。[16]

這些後設認知的研究告訴我們，自我覺察受到身體與大腦狀態的細微影響。大腦彙整不同來源的資訊，全面性地瞭解自己對外界世界的模型有多少信心。後設認知這種全面的性質，使得人類的自我覺察充滿彈性：在同一天內，我們可以思考自己看見、記得、感受到的事物，並評估自己在工作或球隊裡的表現。研究發現，人類在進行兩種不同類型的任務時（例如記憶任務和一般知識任務）的後設認知是相關的，即使在兩種任務上的表現不相關也一樣，這也可以證明上述觀點。知道自己是或錯的能力，凌駕於我們想要解決的問題之上。如果後設認知仰賴的資源都是相同的，則表示我在思考自己的記憶是否正確時，與我思考我眼睛是不是看得清楚時，使用的是相似的神經機制，儘管進行這兩種判斷的資訊來源截然不同。我在實驗室得到的資料支持這個觀點。我們使用從前額葉皮質記錄下來的大腦成像資料，去訓練機器學習演算法，讓它能夠透過使用知覺任務（哪一張圖片比較明亮？）中記錄下的神經模式資料，預測人們對記憶任務（這兩張圖中，你記得哪一張？）的信心程度。我們有辦法辦到這件事，代表大腦是使用相對抽象、非特定的神經編碼來追蹤信心。[17]

我們甚至可以將自尊和自我價值等人格特徵，視為位居內在模型的最高層次，不斷接收較低層次對於各種任務（無論是在職場、家庭，或是在運動場上）能否成功的估計。瑪麗安・魯奧主導的研究發現，人們對完成簡單決策任務的「局部性」信心估計，會影響他們如何看待自己整體表現的「全面性」估計。這些預期也會影響低層次自我監控演算法如何回應各種類型的誤差訊號。莎拉・本特松（Sara Bengtsson）驚人的研究結果顯示了這種效果，她發現當人們準備好感覺自己很聰明時（先讓他們閱讀包含「最聰明」等詞語的句子），大腦對非相關任務中誤差的反應會提升；當他們準備好感覺自己很笨時（先讓他們閱讀包含「蠢蛋」等詞語的句子），誤差相關的活動會降低。這樣的結果符合影響我們對自身較高層次估計的心理準備，當我覺得自己會表現良好（在覺得自己聰明的脈絡下），卻犯錯的時候，代表我此時預測的誤差比當我預期自己表現不佳時要來得大。[18]

有個假說很吸引人：前一章提到的皮質中線結構會建立各種不同心靈狀態「核心」或「最簡」的信心表徵，這些信心表徵透過與前極皮質外側互動，能支援有關我們自身的外顯判斷。有許多資料與這個說法相符。最近有一項研究結合使用腦波儀與fMRI，發現信心訊號最早會出現在前額葉皮質內側，接著，額極外側會在需要外顯自我評估時產生活動。此外，我們還發現前額葉內側與外側之間互動的程度（透過分析檢查兩者活動狀況中的關聯程度得出），可以預測後設認知敏感度。[19]

透過仔細記錄受試者在各種任務中的信心與表現，我們就能為受試者的自我覺察建立起詳盡的檔案。此外，我們也開始瞭解大腦是如何支援自我覺察。看來，每個人的情況都各不相同，但是這些差異是源自哪裡？我們有辦法改變嗎？

後設認知的設計團隊

我們大腦的運作方式，受到先天演化與後天發育兩者複雜互動的影響，而我們生心理組成的基本特徵也是如此，幾乎沒有什麼特徵是完全由基因決定的。但各種影響的相對優勢，則值得我們好好思考。就我們先前提到的神經「自動駕駛裝置」而言，基因的影響遠大於其他影響。我們的視覺系統之所以能快速解決逆推問題，是因為受到天擇的形塑，讓我們能夠有效率地感知環境中的事物，並進行分類。經過世世代代的演化，較能解決視覺問題的系統獲得保留，其他的則逐漸遭到淘汰。

但是，我們大腦中有些機制同時也受到成長過程和教育的影響。舉例來說，教育體系創造了閱讀這種認知過程。一個受到教育的人，他的神經系統會習慣閱讀書面文字。基因和演化只是提供我們可以偵測並辨識文字的視覺系統，剩下的工作是由我們的文化、家庭教育和學校教育完成的。

閱讀是一種刻意的設計。我們希望孩子有良好的閱讀能力，於是送他們上學、制訂教育計劃以達到這個目標。但是，有些心智能力是社會和文化在「非刻意」的情況下（例如兒童與家長或老師自然互動時）塑造而成的。牛津大學心理學家塞西莉亞・海耶斯（Cecilia Heyes）指出，讀心就屬於這種能力：我們經常（在非刻意的情況下）被教導要閱讀社會團體成員的心思，就跟我們被刻意教導要閱讀文字一樣。如果你在習慣討論自己想法的群體中長大，自然會習得讀心這個認知工具。[20]

有些針對不同文化讀心能力的研究，也證實了上述看法。例如薩摩亞人認為談論自己的心理狀態（你的感受和想法）是不禮貌的行為，這種社會中的兒童大概在八歲時才能通過讀心測驗，遠晚於西方的兒童。讀心是透過文化習得的證據中，最有說服力的莫過於對尼加拉瓜手語的研究。這種語言剛出現時，關於心理狀態的字詞非常原始，在早期學習這種語言的人對錯誤信念的理解很差。十年後，當這種語言較為成熟，具有許多談論心靈的方式時，這時候才學習的人展現出比較好的讀心能力。[21]

文化和家庭教育對於能力的養成扮演重要角色，但這樣並不表示基因沒有影響，基因也有可能是造成文化學習失敗的原因。舉例來說，讀寫障礙的部分成因來自遺傳（基因），可能會導致在整合視覺資訊時產生問題。大多數情況下，這類基因上的差異不會受到注意，只有在重視閱讀等視覺技能的環境中才會被發現。

透過比較同卵雙胞胎（DNA相同）和異卵雙胞胎（部分DNA相同，與一般手足一樣），我們有辦法瞭解遺傳密碼相同對雙胞胎各方面的心理生活有何額外影響。對讀心能力進行此分析時（使用超過一千對五歲雙胞胎的資料），同卵雙胞胎和異卵雙胞胎的表現關聯性非常相似。這個結果顯示，造成讀心技能差異的主要力量並非基因，而是環境的影響（雙胞胎都有相同的家長，成長環境相同）。[22]

後設認知也是類似的情況，基因可能讓我們在生命初期具備了自我監控的能力，但最後是家長和老師，完成了我們後設認知的形塑。在玩躲貓貓時，家長常會對孩子說「看得到我嗎」、「看不到我了吧」，幫助兒童釐清他們的感受和想法。當兒子哭泣時，家長會問是不是累了或餓了。兒童在成長過程中會持續得到回饋，幫助他們瞭解自己的處境，例如體育教練會告訴選手，賽前出現緊張和興奮的感覺，是因為他們很進入狀況，而非準備不夠。[23]

這種漫長的發育與學習期間，也許能解釋為何兒童時期的後設認知會不斷變化，持續到青少年時期。在我和莎拉珍．布萊克摩爾（Sarah-Jayne Blakemore）的研究團隊合作進行的研究中，我們要求二十八位十一到十七歲之間的青少年接受後設認知測驗：判斷哪一張圖上面有比較明亮的區塊，並對自己答案的信心評分。然後我們針對每一位受試者，計算以信心評分預測判斷是對或錯的準確度，並計算他們總共答對了幾題。結果發現：年齡不會影響正確回答哪一張圖片包含明亮區塊的能力，但會影響後設認知。年紀較長的青少年比較能監控自己的表現，大概在進入大學之前的年紀達到最高程度的自我覺察。[24]

後設認知到青少年時期才發展成熟，原因之一是大腦中負責後設認知的關鍵樞紐前額葉皮質，需要很花很長的時間才能成熟。嬰兒大腦細胞之間的連結（稱為突觸）比成年人大腦要來得多，幾乎高達兩倍。大腦並非逐步建立需要的連結，而是逐步淘汰已經不需要的連結，這個過程就像是把一塊大理石逐漸刻成雕像。在兒童時期後設認知進步幅度最大的，通常是額葉某些部位（特別是腹內側前額葉皮質，也就是上一章所說同時負責後設認知和讀心的部位）結構變化最顯著的人。我們心靈必須經歷從兒童時期到青少年時期的漫長發展，才能達到一定的敏感度，這證明獲得成熟的自我覺察是漫長而艱鉅的旅程，在途中我們或許需要學習新的思考工具。[25]

病識感的缺乏

在一般人當中，彼此的差異相對較為細微，所以需要大量樣本才有辦法偵測出大腦與後設認知之間的關係。然而，心理疾病患者身上較容易出現自我覺察的極端變化。神經科醫師和精神科醫師分別以不同名稱描述這種現象，前者用的是病覺缺失症（anosognosia），後者則說病患缺乏病識感（lack of insight）。

精神病學界過去認為，病患會缺乏病識感是因為他們有意識的抵抗，或以其他方法逃避承認自己的問題。但越來越多證據指出，缺乏病識感的原因可能是負責後設認知的大腦機制受到腦部損傷或心理疾病的影響。[26]

其中一個驚人的例子發表於二〇〇九年的《神經心理學》（Neuropsychologia）期刊：代號ＬＭ的病患是一位非常聰明的六十七歲女性，剛從出版業退休，她在某次跌倒後就無法移動左手和左腳。大腦掃描發現，她的大腦右半邊因為中風而受損，導致她左半身癱瘓。在醫院接受倫敦大學學院臨床醫師凱特琳娜．佛托普魯（Katerina Fotopoulou）的檢查時，ＬＭ有辦法移動右手、擺出手勢，並正常溝通，但是她的左半身一動也不動。

驚人的是，雖然ＬＭ因傷臥病在床，她仍然覺得自己一點問題也沒有。如果有人說她癱瘓了，她會很輕鬆地反駁，說自己有辦法拍手，然後在自己的身體前揮舞她健康的右手，就好像要去拍她想像中的左手一樣。ＬＭ在其他方面都很清醒，但她對自己的看法和現實有很顯著的落差，連她的家人和醫生都沒辦法說服她。這是因為腦部受傷使她對自身的知識受損。[27]

在中風或腦瘤等神經系統症狀發生時，有時會導致大腦損傷的後果，此時臨床醫生經常形容這是對自我意識最根本的攻擊。英國神經外科醫師亨利・馬許（Henry Marsh）寫道：「額葉受損的人經常對此一無所悉，『我』要怎麼知道自己改變了？又沒有任何比較的參照。」[28]有人把這種現象稱為額葉悖論：額葉受損的人可能會在日常工作（例如煮飯或理財）遇到很大的困難，但是他們因為後設認知能力受損，而無法意識到自己需要幫助。沒有了後設認知，我們可能會失去瞭解自己失去了什麼的能力。我們對自我的印象，與在親友眼中我們行為的現實狀況，兩者之間的連結被削弱了。[29]

病覺缺失症也經常伴隨各種形式的失智症，例如七十六歲的瑪麗，每天都能毫不費力地走路到附近商店購買食品雜貨，但最近她常發現自己到了店裡卻想不起要買什麼，然後氣自己事先沒有寫下購物清單。她女兒還注意到其他狀況，像是她會忘記自己孫兒的名字。在醫生的眼中，瑪麗很顯然地是罹患了阿茲海默症，但是她本人和患有相同疾病的上百萬人一樣，並未察覺自己記憶受到損害。這種疾病殘酷的地方是它不僅會攻擊大腦負責記憶的區域，也會攻擊參與後設認知的區域。後設認知能力受損會造成很嚴重的影響，使得病患不願意尋求治療、不肯服藥、執意進入危險的情境（偏要開車）——這些情況下，記憶受損都會帶來危險，使病患暴露在更高的風險中，也增加家屬和照護者的負擔。然而，雖然後設認知具有重要的臨床意義，通常卻不屬於標準神經心理學評估的一部分。除了少量的開創性研究，缺乏後設認知依然只被當作失智症的特徵，雖然臨床醫生深知其嚴重性，卻少有人針對其作為失智症的後果進行量化或研究。[30]

不難看出，這類後設認知的變化，最終可能導致病患與真實世界完全脫節。如果我無法分辨自己的記憶或知覺是否正確，就沒辦法分辨真實和想像的區別。其實我們都曾經有過無法區分現實和想像的體驗。我最早的兒時記憶是和祖父母一起去動物園看大象。這可能是真實的記憶，但也有可能是我多年來聽祖父母說他們帶我去動物園的事，因而把想像中的記憶誤認為真實的記憶。要區分想像與真實記憶的差別，我必須瞭解另一種認知過程的性質。我們用來懷疑自己、質疑記憶或知覺的認知過程——也就是支援後設認知的認知過程——很可能也可以幫助我們分辨真實與想像。[31]

最令人感到無力的狀況，就是思覺失調症病患。思覺失調症是一種常見的疾病（終生盛行率約為百分之一，亦即約有百分之一的人一生中曾罹患至少一次），通常在成年初期發病，並可能造成患者與現實嚴重脫節。患者經常會出現幻覺或妄想（例如覺得他們的思想受到外界力量的控制）。思覺失調症等精神疾病也與大腦中的變化有關，這些變化和嚴重中風不一樣，不一定能透過MRI掃描發現，但我們能看出大腦的連結方式以及允許不同區域溝通的化學過程發生了更細微、更廣泛的變化。如果這種變化影響了整合皮質與大腦其他區域之間的長距離連結，就可能導致自我意識的喪失和與現實脫節。

關於思覺失調症，指導我博士論文的克里斯·費斯發展出一套很有影響力的理論，將自我覺察的缺失視為這種疾病的根本原因。他的核心概念是，如果我們已經無法預測自己下一步要做什麼，那我們就可以合理地推斷，我們的行動和思想受到某種外來陌生力量（例如外星人）的控制。因為後設認知和讀心具有相同的基礎，後設認知中的扭曲也可能擴及其他人，使得妄想患者更容易以為別人想要和他們說話，或想要傷害他們。[32]

心理學家設計了一些巧妙的實驗，測試我們如何區分現實和想像。其中一個實驗中，受試者會拿到一些名句，然後必須念出來。若拿到不完整的句子（例如「羅密歐與？」），則受試者必須自己補上空缺的字，唸出「羅密歐與茱麗葉」。在另一種情境下，受試者只需要聽某人朗讀句子。到了實驗後半段，研究人員會問受試者，句子的後半部分是他們看到的還是自己想出來的。

普遍而言，受試者回答的正確率還不錯，但有時他們會以為自己看過，事實上卻是想像出來的，反之亦然。在回答這個問題時，受試者的前極皮質（也就是我們發現參與後設認知的大腦區域）會活化。前額葉皮質結構的差異也能預測分辨現實的能力，而相似的神經標記在思覺失調症患者身上也出現了變化。[33]

當我們瞭解，負責後設認知的大腦迴路若遭受物理損傷，會導致自我覺察的失能，這就能讓我們以更溫柔、人道的觀點看待與現實脫節的病患。只要我們明白是疾病讓他們喪失了後設認知能力，就不會責怪他們看不清自己的生活變了。針對後設認知功能的治療可能有助於恢復或調節自我覺察。最近發展的後設認知療法，專注於在過度自信或妄想的病患心中慢慢播下懷疑的種子，並鼓勵自我反思。臨床試驗發現，這種方法在減少妄想方面得到微小但一致的效果，德國和澳洲已將之當成思覺失調症的推薦療法。[34]

培養自我覺察

前面我們已經學到，自我覺察雖以大腦功能為基礎，但同時也受到社會環境的影響。雖然後設認知的組成要素（自我監控與誤差偵測的機制）可能在生命初期就已經出現，自我覺察要在青少年時期才會逐漸發展成熟，而且和瞭解他人心理狀態的能力一樣，會受到文化和家庭教育影響。所有的發展變化都伴隨著前額葉和頂葉網路結構和功能的進一步變化，這對成年人的後設認知至關重要。

多數成年人都能穩定地瞭解自己，但我們也看到在不同的人之間，後設認知的能力可能有很大的差異。有些人在某項任務上可能表現良好，卻對自己的表現知之甚少，而有些人能敏銳地意識到自己是對還是錯，即使是（或者尤其是）他們表現不佳的時候。因為自我覺察就像一個內部訊號，能表示我們是否認為自己正在犯錯，所以很容易就能看出，即使是後設認知中的微幅扭曲，也可能導致持續性的自信不足或過度自信，並導致有關表現的焦慮和壓力。

好消息是，後設認知並非無法改變。著名病患ＬＭ的案例後來出現了令人鼓舞的轉折。有次檢查時，佛托普魯醫生用錄影機記錄了與她的對話。後來她要ＬＭ觀看錄影，然後發生了一件驚人的事：影片播畢後，ＬＭ立刻說道：「我有點不切實際。」

檢查人員（ＡＦ）：什麼意思？

ＬＭ：我有點不切實際，我的左半身完全不能動。

ＡＦ：妳現在覺得呢？

LM：我完全不能動。

AF：妳為什麼改變想法了？

LM：因為看了影片。我不曉得我當時是這個樣子。

這段對話只持續了幾分鐘，但是LM恢復的病識感在六個月後仍然完好無損。有關她身體的新資訊，足以使她的自我覺察突然產生改變。當然，這只是單一案例，失去或者獲得病識感，可能會因為疾病和人的不同，而有很大的差異，但這個案例告訴我們一件很重要的事：後設認知並非固定不變。就像LM有辦法重新調整她對自己的看法，我們自己較輕微的後設認知失能也可以加以形塑和改善。只要我們能夠確保自己會注意到自我覺察可能失能，那就是個不錯的起點了。接下來就讓我們來談談這個主題。

第五章
避免自我覺察失能

有三件事情非常困難：切割鋼鐵、破壞鑽石，還有認識自己。

——班傑明．富蘭克林（Benjamin Franklin）

我們已經快要來到本書第一篇——也就是自我覺察的神經科學——的尾聲了。我們已經看到大腦的基本功能（對不確定性的敏感度，以及自我監控的能力）可以提供自我覺察豐富的組成要素。從一開始，我們看到簡單的系統能從世界接收資訊並進行處理，以解決感知和行動中固有的逆推問題。還有各式各樣的神經「自動駕駛裝置」觸發持續的調整，好讓我們的行動保持正軌。許多自我監控是在無意識中進行的，並未達到外顯自我覺察的層級，而且很可能仰賴生命初期就存在的基因構成。此外，其他動物也展現出許多與我們相同的後設認知特徵。

這些構成要素只是出發點，讓我們得以瞭解人類何以發展出成熟的自我覺察。我們看到社交互動、語言，以及運用深度遞迴性、層次性模型的能力會彼此強化，使人類大腦獲得了一種獨特的能力，那就是對自我心靈的意識。這種形式的後設認知會在兒童時期緩慢發展，但在成年後，也會因為心理健康、壓力以及社會文化環境的改變而產生變化。

本書第二篇將探討自我覺察這種神奇的能力如何強化人類的心靈。我們將會看到，自我覺察在我們的學習、教育、進行複雜決策、與他人合作，以及為自己的行為負責時，扮演什麼樣的角色。但在我們開始探討之前，我想先花一點時間討論自我覺察科學教導我們的三件重要的事。

後設認知可能會誤導我們

首先，我們必須學會區分後設認知的「能力」，以及由後設認知所產生的自我覺察的「準確性」。

我們每天早上醒來後就能使用後設認知能力。我們可以將心靈的目光朝內，思索有關自己的事。而後設認知的準確性，指的是我們對於自身的判斷是否符合我們實際上的技能和能力。我們評論同事或朋友缺乏自我覺察時，說的經常就是後設認知的準確性，例如，「比爾完全沒意識到自己在會議中霸佔發言機會。」這個評論的意思是，要是我們叫比爾自己想想，他有沒有在開會的時候霸佔發言機會，他會說沒有，但事實上有。

許多情況下，後設認知會讓我們誤入歧途，與客觀現實脫節。有時候，科學家會故意在「我們（受試者）」注意到之前，加入或消除誤差，藉此騙過我們的後設認知。此時我們會以為自己的自我覺察失能了，但是，對於一個試圖透過嘈雜內部資料猜測自己此刻表現的系統而言，會出現這種情形，也是可以預期的。

實際上，後設認知比感知更容易受到錯覺和扭曲的影響。我們的感官通常會符合現實，因為我們不斷獲得外界的回饋。如果我誤以為我的咖啡杯非常大，那麼當我伸手去拿咖啡杯時，很可能會把它打翻，像這樣的錯誤將有助於我立刻調整我所建構的世界模型。因為我的身體與環境緊密相連，所以感官能產生的誤差有限。自我覺察機制的工作比較困難，必須無中生有，從相當鬆散的回饋迴路中產生自己是對還是錯的判斷。有關自我的錯覺，其後果通常比較不明顯：如果我們缺乏自我覺察，可能會在會議中顯得有些古怪，但不會因此翻倒咖啡杯或摔下樓梯。因此，自我覺察較不受到現實的約束，更容易受到錯覺影響。

後設認知錯覺的一種來源是流暢度（fluency）。心理學家以這個詞語代指各種資訊處理的容易度。如果你是在光線充足、安靜的房間中閱讀這本書，就可以更流暢地處理書中的資訊（比起在昏暗的燈光下）。流暢度會影響我們對資訊的詮釋方式，例如有一項對上市公司的研究發現，名字比較好發音的公司（例如Deerbond），平均價值會比名字念起來比較不順的公司（例如Jojemnen）要高。此外，流暢度也會影響後設認知，可能會導致我們在實際上表現不佳時，卻覺得自己表現良好。我們行動速度較快時，會對自己的決策比較有信心（雖然較快的反應，準確度不一定較高）。同樣地，即使字體大小不會影響我們的記憶能力，我們也比較有信心能記住字體較大的文字。流暢度還可能在其他許多情況下導致後設認知錯覺。[1]正如諾貝爾獎得主心理學家康納曼（Daniel Kahneman）所說的：

> 對判斷的主觀信心，無法合理評估「該判斷為正確」的可能性。自信是一種感覺，反映了資訊的連貫性與其處理的認知難易度。當一個人坦誠自己不確定時，明智的作法是認真看待他的說法。而當一個人充滿自信時，我們可以知道他的腦海裡建構了一個完整的故事，但這不代表這個故事是真的。[2]

實際上，我們可以把進行後設認知判斷的過程，當作是大腦在解決另一種逆推問題：

根據有限的資料決定要對自己有什麼看法。正如我們的感官系統會收集資訊，塑造出我們對外界世界的看法，同時也反過來受到這些看法的約束和限制。同理，也有各式各樣的訊息，會塑造出我們對自己的看法。這些訊息有時候能幫助我們，有時候會遭到操控。正如知覺錯覺能協助我們瞭解外界世界的真實樣貌，透過後設認知錯覺，我們也能看清自我覺察的建構過程是怎麼運作的。後設認知很脆弱，這既是缺陷，也是優點。正如我們所看到的，自我覺察很容易因為腦部損傷和疾病而受到扭曲或破壞。但優點在於我們可以透過教育兒童、與他人互動和組織自己生活來形塑自我覺察。

自我覺察很罕見

自我覺察還有一個令人訝異的特徵，那就是它經常缺席或處於離線狀態。當我們嫻熟一項工作（例如駕駛汽車或演奏鋼琴），就不需要處處留意自己正在做的事情。這時，正如我們在探討行動監控時看到的，無意識的細微調整就足以確保我們的行動維持在正確的軌道上。如果低層次的過程運作正常（亦即一切正常），就沒有必要將資訊當作高層次的預測誤差向上呈報。只有在必要的情況下才會動用自我覺察。也就因為這個緣故，產生了一種奇怪的結果：自我覺察經常不在場。

我們可以用大公司處理問題的方式來比喻自我覺察。如果問題是低階人員可以解決的，公司通常會鼓勵他們主動解決，不必去打擾上司（還有上司的上司）。在這種情況下，上司很可能從頭到尾都不知道問題的存在，誤差訊號在較低的層次就解決了，並沒有向上呈報到主管辦公室。換句話說，公司的後設認知並沒有意識到問題的存在（這算不算是問題，取決於問題是否得到有效解決）。

另一個例子是開車。在熟悉的路線上持續行駛，而沒有意識到自己做出了轉向或換檔的動作，這是很常見的一件事，因為我們可能正在想別的計劃或煩惱的事。正如心理學家喬納森·斯庫勒（Jonathan Schooler）所說的：「我們經常因為發現自己的心靈飄離手邊的事情而大吃一驚。」[3]自我覺察所仰賴的神經機制，可能會因為各種原因而與我們當下在做的事情脫節。

研究顯示，後設認知「中離」的現象比我們想像的還要常見——視個別工作而定，大概佔了百分之十五到五十的時間。有一種累人的實驗叫作持續性注意力作業（sustained attention to response task，SART）。SART非常簡單，但非常無聊。實驗中，電腦螢幕上會快速出現一連串的數字，受試者每看見數字出現，就必須按下按鈕，但只有在出現3的時候不能按。實驗進行到受試者開始分心的時候，他們的SART反應速度會加快，在螢幕出現3時按下按鈕（犯錯）的機率也會增加。

這個結果顯示，我們在分心時會進入無意識、重複性的刺激——反應行為模式。感知和行動仍然在運作（這是一定的，因為我們依然會對刺激產生反應），但是對於自己進行SART的意識卻逐漸消失了。酒精會使這種現象進一步惡化，因為人們在飲酒時更容易分心，也更難察覺自己分心。對作業很熟練的人也比較容易出現分心的情形，這符合我們的預期：隨著技術的提升，自我覺察會逐漸變得冗餘。[4]

分心是一個很好的例子，可以說明意識如何在執行任務時淡入、淡出。這並不表示自我覺察完全消失了，它可能只是把專注轉移到我們白日夢的內容上。但是，如此轉移可能表示我們不再覺察「自己正在參與這個世界上的這件事」。以色列的魏茨曼科學研究學院有研究人員進行了一項聰明的實驗，他們試圖找出，當意識開始以這種方式淡出時，大腦會發生什麼事情。科學家要受試者做兩項任務，同時進行fMRI掃描，其中一項是要他們看一連串的圖片，然後回答圖片中有沒有動物。另外一項任務要他們看同樣的圖片，不過這次研究人員要求受試者去想（反思），然後回答圖片是否會讓他們產生情緒。這個比較的巧妙之處在於，兩種任務呈現的刺激（動物的圖片）和進行的動作（按按鈕）是相同的，也就是說低層次的處理過程相似，唯一的差別是後設認知的參與。

比較這兩種任務引起的大腦活動模式時，相較於控制組，進行需要反思的任務時，前額葉網路會比較活躍，這和我們的預期相同，因為前額葉皮質參與了自我覺察。但這項實驗最有趣的地方是，研究人員還加入了第三種狀況：受試者接受刺激後必須更快做出反應，因此任務本身帶來更大的壓力，也更要求專心。結果發現，雖然較難的任務會提升大腦許多區域（包括頂葉、前運動、和視覺區域）的活躍程度，卻會同時降低與後設認知相關的前額葉網路活動。這代表，隨著對任務的專注度增加，自我覺察會減少。我們因為看電影或玩電玩而渾然忘我時，可能也會產生類似的神經變化。[5]

另一個可能導致類似自我意識淡出的因素是壓力。有關動物和人類壓力反應的神經生物學知識現在已經廣為人知，壓力激素（如醣皮質素）最有名的一種作用是削弱前額葉皮質的功能，這代表後設認知可能會是最快受到壓力影響的功能之一。有一項研究的結果與這個看法一致：在社交壓力測試中分泌較多皮質醇的人，正好也是後設認知削弱最嚴重的人。同樣地，在另一項實驗中，與服用安慰劑的控制組相比，服用少量氫皮質酮（能讓人在數小時內的皮質醇分泌激增）就足以讓後設認知敏感度下降。[6]

壓力與後設認知削弱之間的關聯會產生一些令人不安的後果。或許可以這麼說：我們最需要自我覺察的時候，正是自我覺察最可能減弱的時候。當工作壓力上升，或者面臨金錢、家庭的煩惱時，善用後設認知會有很多好處，能幫助我們發現錯誤、尋求外界協助，或是改變策略。如果後設認知能力在面臨壓力時消失，我們很可能會忽略自己的錯誤，並且不尋求協助、一意孤行。

因此，自我覺察科學教我們的第二件重要的事，就是**自我覺察的機制有時可能會與我們當下所做的事、說的話或思考脫節**。我們很難察覺到自己的自我覺察受損，因為就如同額葉悖論所說的，失去自我覺察，會影響我們察覺自己失去自我覺察這件事的功能。這種自我覺察淡出的情形，其實比我們以為的還要常見。[7]

後設認知的因果力量

後設認知科學教我們的最後一件事，就是**後設認知能影響我們的行為**。自我覺察並不只是我們心靈運作時產生的副產品，它更具有引導我們行為的因果力量。我們是怎麼知道的呢？

要回答這個問題，可以直接改動人們的後設認知，然後觀察會發生什麼事情。如果你對自己表現的評估出現了變化，而且這些感覺會造成你行為的改變（亦即，這種感覺在引導你的行為這件事上，具有因果作用），那麼你對下一步該怎麼做的決定——無論是跳過題目還是改變回答——應該也會改變。但如果這些感覺只是依附現象，不具備因果關係，那麼操縱後設認知就不會有影響。

到目前為止，科學證據都指出，後設認知在引導學習和決策方面具有因果作用。要求受試者記憶一對詞語時（例如鴨子——紅蘿蔔），受試者會產生一種錯覺：有信心光靠著重複背誦就能記住這兩個詞語。重要的是，當受試者因為這種方法變得較有自信時，就不太可能再度選擇這一對詞語進行學習。這種信心的錯覺足以讓他們認為不需要進一步學習。

我們可以使用一種稱為「積極證據」操弄的技巧，有效地引發這種對決策的信心錯覺。假設我們必須判斷剛才在電腦螢幕上閃過的是哪一種刺激（影像A或影像B），但很難分辨是A還是B，因為有雜訊。如果我們同時提高影像和雜訊的亮度，雖然A和B

的訊號強度會提升，不過就客觀來說判斷難度並沒有變（因為雜訊也同時提升了）。但是光是這麼做，卻能讓受試者更有信心，即使他們選擇的準確度並沒有增加。信心提升會影響人們的行為，讓他們較不願意尋找新資訊或改變心意。總結來說，改變我們對於自己表現的感受，就足以改變我們的行為，即使表現本身並沒有改變也一樣。[8]

就和任何強大的工具一樣，後設認知同時具有創造和破壞的能力。如果我們的後設認知是準確的，就可以大幅改善我們的日常生活。在後設認知層級做出的微小決定，能產生巨大的影響。例如，有時候我必須決定要分配多少時間來準備一場演講。如果我花整週的時間準備，「做一場精彩演講」的可能性增加了，但這麼做會排擠我實際做研究（也就是我受邀演講的原因）的時間。我必須具備合理的後設認知能力，瞭解自己在不同領域中的弱點，才有辦法知道應該在哪裡投入時間和精力。但如果根據後設認知錯覺行動，我們的表現可能會受到影響。如果我「覺得」自己的演講功力很糟糕，我可能會浪費整整一週的時間練習，而沒有時間從事其他工作。相反地，過於自信、完全沒準備也可能會導致一場丟臉的失敗演講。

我們可以再度用飛機和飛行員來做一個後設認知錯覺的比喻。一切正常時，飛機各種自我監控通常會是一致的。在較低的層次，自動駕駛和儀表板可能會告知機師，他們正在一萬英尺的高空中飛行，而機師沒有理由不相信這點。有一種危險的情況叫作柯氏錯覺（Coriolis illusion），也就是當飛機在厚雲層中飛行時，機師會感覺機身傾斜，但實際上機身仍然保持水平直線飛行（儀器也顯示飛機是水平直線飛行）。如果機師試圖矯正這種虛幻的傾斜，可能會導致飛機陷入危機。小約翰．甘迺迪（John F. Kennedy Jr.）的輕型飛機會墜毀在瑪莎葡萄園島（Martha's Vineyard），很可能就是這個原因。現在的機師在培訓時會經常被提醒要注意這種錯覺可能會發生，所以必須隨時相信儀器，除非有很好的理由不這樣做。

我們可以從培訓機師的方法中學習，讓自己免受後設認知錯覺的危害。透過瞭解自我覺察在什麼情況下可能會被削弱，我們就可以採取措施確保對自己的看法保持合理、清晰。更具體地說，如果其他來源（例如來自家人和朋友的回饋）說我們正在偏離正軌，就要小心不要過度信任自己的後設認知。

如同科學中的許多事物，我們開始瞭解某件事的原理後，就可以開始找尋利用它的方法。本書第二篇將放眼自我覺察在教育兒童、進行高風險決策、團隊合作，以及強化ＡＩ能力等方面的角色。或許沒有直截了當的答案，因為自我覺察的科學很少能告訴我們什麼事情該做、什麼事情不該做。但我希望藉由瞭解自我覺察的運作原理（特別是自我覺察失能的原因），我們可以學習如何更加善用自我覺察。

02
反思的力量

第六章 學習「學習」這件事

令人驚訝的是，我們這種動物竟能思考自己思想的任何方面，進而設計出以修改、改變或控制自己心理為目標的（可能或多或少是間接、繁複的）認知策略。

——安迪．克拉克（Andy Clark），《延伸心靈》（Supersizing the Mind）

自工業革命以來，填鴨式的學習與記憶（背誦首都、乘法表、身體部位和化學元素）就在我們的教育中扮演很重要的角色。約翰．萊斯利（John Leslie）在一八一七年出版的《算術哲學》（The Philosophy of Arithmetic）一書中提到，他認為應該鼓勵孩子背到50乘50的乘法表。作家狄更斯（Charles Dickens）的小說《艱難時世》（Hard Times）人物格瑞格蘭老師也同意，他告訴我們「生命中只需要事實。不需要培養其他技能，所有多餘的事物都該拋棄」。當時認為教育的目的是培養能夠快速思考、儲存更多知識的人。

這種方法在維多利亞時代也許能得到一定的成果，但在日益複雜、瞬息萬變的今天，瞭解如何思考和學習已經變得跟學到多少知識一樣重要。隨著人們的壽命延長，一生從事的工作和職業也變多，並且會養成各種新的嗜好，學習已成為一生的追求，不會在我們結束正規學校教育後停止。正如《經濟學人》在二〇一七年一篇報導指出的：「我們的課程必須教導孩子學習和思考的方法。以『後設認知』為重點的學習，能讓他們在以後的生活中更擅長學習新技能。」[1]

學習能力是好是壞，將會影響我們的一生。回想一下本書一開始提到的女學生小珍，為了順利學習，她必須分辨自己知道和不知道的事情，並決定接下來該學什麼。這些決定看似微不足道，卻可能造就成功與失敗的區別。如果小珍有良好的後設認知能力，她就能有效地引導自己的學習。相反地，如果她的後設認知能力不佳，她是不是出色的工程師並不重要，因為她會一步步走向失敗。

本書第一篇所提到的後設認知運作原理在教室中至關重要。因為後設認知為我們的學習奠定了基礎，所以避免後設認知失能，可以帶來極大的益處。在本章中，我們將探索如何應用後設認知，以改善我們決定學習方法、學習內容和學習時間的方式。

在學習過程中，至少有三個階段與後設認知有關。首先，我們會產生有關「最佳學習方法，以及應該專注在什麼內容」的想法——心理學家將這種想法稱為學習判斷（judgments of learning）。回想一下你以前準備考試的情景，你可能安排一個晚上閱讀英文教材，學習各種單字，你還會做出有關自己學習的判斷（但你自己沒注意到）：你對這些教材有多熟悉？哪些單字會比其他單字更難？需要做個自我測驗嗎？可以停止唸書，和朋友出去玩了嗎？

學習完畢之後，我們就必須使用教材中的內容——無論是用在考試、晚宴中的對話，或是參加益智問答節目。此時，後設認知會針對「我們知道什麼」，產生一種不斷變動的信心——這種信心和我們是否真的瞭解自己在說什麼的客觀現實可能有關，也可能無關。有害的流暢度錯覺有可能導致危險的情況，讓我們對不正確的知識充滿信心。最後，我們在考卷上寫下答案之後，其他後設認知處理程序便開始運作，讓我們能反思自己是否寫錯了、要不要改變心意或更改答案。接下來，我們將一一審視自我意識的這些層面，並瞭解該如何避免後設認知失能。

對於課堂上的後設認知研究，有悠久的歷史。後設認知研究的先驅者對於「兒童的自我覺察如何影響學習方法」這個題目很感興趣。因此，本章內容會介紹很多「應用性」研究——這些研究原先是在教室或大學環境中進行的，而且能提供教育方式的明確指引。但若要增進後設認知能力，最好的方式還是瞭解後設認知運作的原理，此外，我想使用本書第一篇發展出的自我覺察模型來解釋這些研究給我們的建議。

選擇學習方法

以前在大學修讀大腦生理學的時候，必須學習大量的細胞類型和解剖學標記。當時我的策略是坐在圖書館裡，打開教科書，在紙上寫下這些奇怪的詞彙：浦金耶神經元、有棘星狀細胞、錐體細胞；威利環、小腦蚓部、紋狀外皮質等等。然後我用彩色螢光筆挑出我沒看過的詞彙。最後，如果時間和精力允許，我再把用螢光筆標示的詞彙抄到索引卡上，在考試前隨身攜帶。

大多時候，這個方法對我來說算有用。現在回想起來，當時的我對這種準備考試的方法，其實是懷抱著盲目的信心。一開始決定學習方法是很關鍵的選擇。如果不知道該怎麼決定學習方式，我們很可能會在無意間阻礙自己。

一般人都以為，每個人都有自己偏好的學習方式，有些人是視覺學習者，有些人是聽覺或動覺學習者。但這可能只是個迷思。教育神經科學家保羅・豪爾—瓊斯（Paul

Howard-Jones）指出，儘管有超過九成的教師認為，根據學生偏好的學習風格量身訂製教學方法是一個好主意，但卻沒什麼科學證據支持這種看法可以真的讓學生受益。事實上，多數對照研究都顯示，「偏好的學習方式」和「表現」之間並不存在關聯性。然而，英國廣播公司和英國文化協會等權威機構都曾建議以這種方式為學生量身訂製學習方法。[2]

這種對學習風格的普遍信仰可能來自後設認知錯覺。有一項研究要求五十二名學生做問卷，調查他們是偏好透過觀看圖片還是閱讀文字學習。接著，他們接受常見物品和動物的記憶測驗（物品或動物則是以圖片或文字呈現）。最重要的是，在學生學習單字時，研究人員會透過記錄學生的學習判斷，瞭解他們對自己的信心。結果發現，學生偏好的學習方式與他們的實際表現無關：說自己是圖像學習者的學生，其實並不擅長透過圖片學習；說自己是言語學習者的學生，則不擅長透過文字學習。但他們的後設認知確實受到影響：圖像學習者對透過圖片學習較有自信，而言語學習者對透過文字學習較有自信。[3]

因此，學習風格的迷思可能來自一種後設認知錯覺：用自己偏好的風格學習時，我們會感到較有自信。重點在於，**讓我們學習效果變好的因素，往往會讓我們對於學習進展的自信程度下降。**簡單來說，我們可能覺得使用策略A會比較好，但實際上策略B得到的效果可能是最好的。

在比較電子書閱讀和紙本書閱讀時，也可以發現類似的現象。一項研究要求以色列海法大學的七十名大學生閱讀一系列各種主題（例如各種能源的優勢，或運動前熱身的重要性）的文章。有一半的文章會出現在電腦螢幕上，另外一半則是印刷成紙本。讀完每段文字後，研究人員會問這些學生，他們認為自己在接下來的選擇題測驗中會有怎樣的表現。學生們對閱讀螢幕上資訊後的表現比閱讀紙本後的表現更有信心，儘管他們在兩種情況下的實際表現相似。過度自信是會有後果的：如果允許學生自行決定閱讀每段文字的時間，他們對透過螢幕學習的信心會導致成績變差（六十三分，原本是七十二分），這是因為學生在螢幕上閱讀時，會較早結束閱讀。[4]

在決定是否要練習、如何練習時（例如準備即將到來的考試或測驗），後設認知錯覺也可能使我們誤入歧途。分散練習（spaced practice）是認知心理學的經典發現，所謂的分散練習，就是在閱讀教材後休息一到兩天，然後再複習一次。這種方式會比每次唸書的量都相同的集中練習（massed practice）更能有效地保留資訊。不過在進行分散練習時，後設認知錯覺也可能會誤導我們。心理學家奈特・柯乃爾（Nate Kornell）進行多次實驗發現，百分之九十的大學生在分散練習（而不是集中練習）後的表現更好，但有百分之七十二的參與者回報，他們覺得集中練習是更有效的學習方式！會產生這種錯覺，可能是因為填鴨式學習能產生後設認知流暢度：感覺上很有效，實際上卻沒有效果。

柯乃爾以上健身房比喻，這種學習方式就像是健身時選擇太輕、沒有任何訓練效果的重量。感覺起來很容易，但這不是因為你表現得不錯，而是因為你選擇了對自己比較輕鬆的訓練方式。如果我們以正確的方式學習，學習結束後我們應該要覺得自己經歷了一場心智上的艱苦鍛鍊，而不是輕鬆的散步。

同樣地，很多學生認為重新閱讀筆記是正確的學習方法，以前我坐在圖書館反覆閱讀大腦解剖結構筆記卡的時候，也是這麼想的。這麼做可能感覺很有用，而且比什麼都不做要來得好。但是實驗結果一再顯示，進行自我測驗（強迫自己練習考題或寫出我們所知的知識）比被動複習更為有效。這也難怪我們對於最佳學習方式的後設認知信念有時候會與現實不符了。[5]

察覺到自己的無知

決定學習方法之後，接下來我們必須對「要學習的內容」做出微觀決策。例如，我該多花時間複習數學或化學，還是練習考題？在我們離開學校後，這類後設認知問題依然很重要。科學家可能會考慮他們是否該花更多時間學習新的分析工具或新的理論，這樣做的好處是否大於把這些時間花在研究之上。現在，因為有了包羅萬象的線上課程（主題從資料科學到笛卡兒都有），這種兩難更加棘手。

關於後設認知在選擇學習內容時會扮演什麼角色，我們可以用一個極具影響力的歧異減降理論（discrepancy reduction theory）來解說。依據這個理論，人開始學習新內容的時候，會先訂下一個學習水準的目標，然後持續學習，直到他們評估自己所習得的知識已經與目標相符為止。學者珍娜．梅特卡夫（Janet Metcalfe）的最近學習區模型（region of proximal learning，RPL）就屬於這種理論。梅特卡夫指出，人們不僅會努力減少「自己所知」與「想學習的知識」之間的差距，也偏好不會太難的內容。我們可以用舉重來說明最近學習區模型。在健身房運動，最能增肌的方式是使用比我們習慣的重量稍重、又不會重到舉不起來的槓片，而學生可以選擇中等難度的教材，讓學習效果更快。[6]

歧異減降模型和最近學習區模型都認為，後設認知在學習中扮演關鍵角色，它能幫助我們監控實現目標的進度。根據這個觀點，精準的後設認知在教室裡會有明顯的好處。例如，有一項研究要求兒童在準備歷史考試時把心裡想的事情說出來。總體而言，這些兒童的想法中有百分之三十一被歸類為「後設認知」，因為這些想法與他們是否知道考試內容有關。結果顯示，閱讀能力較好、學業成績較優秀的學生，較常運用後設認知。[7]

從以上就可以知道，將後設認知納入學習，會對教育帶來廣泛的好處。史丹佛大學的派翠西亞．陳（Patricia Chen）和同事著手檢驗這個推論，他們把考前的學生分為兩組。對照組收到提醒：一週後要考試了，請開始做準備。實驗組也收到相同的提醒，但還附上考試策略練習：引導他們思考即將到來的考試形式、哪些資源最能促進他們的學習（例如教科書、課程影片等），以及他們計劃如何使用每一種資源。結果實驗組學生的成績比對照組高出三分之一左右：第一次實驗中，實驗組學生的成績平均較對照組高出三點六分，在第二次實驗中則是高出四點二分。強化後設認知，還可以降低焦慮感以及考試帶來的壓力。[8]

培養心理學家所謂的「有益的困難」（desirable difficulty）甚至可能有辦法防止因流暢度引發的自信錯覺。例如，澳洲墨爾本皇家理工大學的科學家開發了一種新的電腦字體提供免費下載，這種字體名為Sans Forgetica，可以增加閱讀文字的難度。這種字體的原理是，閱讀時產生不流暢性，會讓學生以為自己的學習情況不太佳，因而集中注意力，花更長的時間學習。[9]

整體來說，目前的研究顯示，後設認知在我們的學習方式當中扮演重要角色，但其重要性尚未得到充分認識。我們對自身知識的看法會引導我們下一步的學習，而下一步的學習又會影響我們的知識，如此形成一個良性（或惡性）循環。後設認知的這項影響有時很難掌握，而且不如數學、科學或音樂能力那麼顯而易見、好衡量。不過，就算學習結束了，後設認知的影響還會持續，後設認知也會指導我們如何使用新獲得的知識。後設認知有一個隱藏功能，就是引導我們的表現，這一點對我們的考試或測驗表現影響很大，其影響程度說不定跟智力一樣大（甚至可能更大）。接下來就讓我們來談談這一點。

如何知道自己知道

每年都有上百萬的美國高中生參加SAT，也就是舊稱的學術性向測驗。這件事非同小可：SAT受到頂尖大學的高度重視，即使在求職時，高盛和麥肯錫等菁英公司也會瞭解求職者的SAT分數。乍看之下這麼做很合理：這種考試能顯示每一位學生閱讀、寫作和算術的能力，並據此對他們進行篩選。誰不希望最優秀、最聰明的學生來念自己的大學或研究所？但是，學業能力儘管肯定有所幫助，卻不是取得良好考試成績的唯一因素。事實上，在二〇一六年以前，後設認知與學業能力一樣重要。

這點與SAT分數的計算機制有關。SAT大部分的題目都是選擇題。二〇一六年以前，每個題目都有五個可能的答案，只有其中一個是正確的。如果你整場考試都閉著眼睛隨機作答，應該預期會得到20分左右，而不是0分。為了衡量真實能力的水準，SAT的管理機構修正了評分系統：學生每答對一個題目會得到一分，但每答錯一題會被倒扣四分之一分。這樣可以確保閉著眼睛作答的學生平均預期分數為0分。

然而這項修正產生了意想不到的後果。學生可以策略性控制他或她的潛在分數，不需要每一題都作答。如果他們對某題答案的信心不足，就可以跳過這一題目，避免被倒扣失分。在第一篇的動物後設認知研究當中我們已經看到，在答案不確定時選擇不做決定，能讓我們表現得更好，而且這種能力仰賴「對於不確定性」的有效估計。具備出色後設認知能力的學生，會聰明地拒答他們自知會答錯並遭到扣分的題目。但是，後設認知能力較差的學生（即使是能力高於平均水準的學生）可能會草率地交出錯誤的答案，不斷被扣四分之一分。[10]

後設認知是否準確，甚至可能導致考試高分與不及格之間的差別。在實驗室進行SAT時，受試者必須回答一連串的常識性問題，例如「第一任羅馬皇帝叫什麼名字？」測試人員告訴他們，如果不確定答案，就用猜的，而且每次回答後，受試者必須以數字為自己的信心進行評分。不出所料，信心評分較高的答案比較有可能是正確的。

取得每個問題的信心評分後，研究人員接著採用SAT的計分方式（答錯會扣分），請受試者再做一次同樣的測驗。結果發現，受試者傾向跳過原本答案信心較低的題目，而且答錯的扣分越高，就越可能跳過，結果他們的分數也因此提高了。

但如果受試者的後設認知能力很薄弱，同樣的策略就會帶來災難性的後果。第二場實驗精挑細選出容易使後設認知產生信心錯覺的題目，例如「《未完成交響曲》是誰寫的？」或「澳洲的首都在哪裡？」（舒伯特，不是貝多芬；坎培拉，不是雪梨）。面對這種題目，受試者錯誤的自信會導致他們提出許多不正確的答案，讓成績直線下降。[11]

後設認知與測驗成績之間良性的交互作用，可以解釋為什麼後設認知可以促進教育的長期成功。最近有一項針對七到十二歲兒童發展出後設認知與智力的實驗。關鍵的地方在於，同一批兒童在三年後（年齡介於九到十五歲之間時）又回到實驗室接受後續評估。藉由這些罕見的長期資料，我們可以詢問：兒童七時衡量出的後設認知水準，是否能預測同一個兒童在九歲時的智力分數？或者反過來：能否以智力分數預測未來的後設認知水準？儘管後設認知和智商之間的關聯性相對較弱（這也符合其他研究的發現：後設認知與智力互相獨立），但小時候擁有良好的後設認知的人，未來智力確實會比較高。這樣的結果有一個很好的解釋：良好的後設認知可以幫助孩子去認識他們不瞭解的東西，進而引導他們的學習和整體教育發展。同理，如果人在做智商測驗的時候可以採用後設認知策略，那麼他們靠後設認知使分數提升的程度，與他們現實中的教育水準有關。[12]

顯然，SAT這種測驗的分數不僅是能力的指標，也能衡量一個人有多瞭解自己的心靈。使用這類測驗時，雇主和大學除了選擇智力較高的人，可能也會在無意間選擇了後設認知能力較佳的人。這也許不是一件壞事，有些組織甚至是有意這麼做的：英國的文官訓練計劃要求求職者對自己在入學考試期間的表現評分，並在決定聘用人選時，將這些評分納入考量。這代表英國希望招募的公職人員，是對自己的能力與限制有恰當瞭解的人。

相信自己

在引導我們學習這方面，後設認知還有最後一個重要作用：建立關於我們技術和能力的信念。信心是一種概念，有時可能會產生誤導，因為信心並不等於能力。我們可能會覺得自己無法在即將到來的考試、體育競賽或職業生涯中取得成功，即使我們的能力很讚。危險的是，這種後設認知扭曲可能會成為自我應驗的預言。簡單來說，不願意競爭就沒有辦法勝利。

社會心理學家亞伯特．班度拉（Albert Bandura）是研究後設認知錯覺的先驅之一。班度拉在他的書中表示，要增進動力和幸福感，人們對自己技術和能力的信念，和他們的客觀能力一樣重要，甚至更為重要。他將這些信念稱為「自我勝任感」（我們對自己表現的整體信心，與後設認知偏差密切相關）。他說：「人們的自我勝任感幾乎影響了他們所做的一切：思考、激勵自己、感受和行為的方式。」這個假設已經獲得實驗的證實：研究者可以巧妙地操縱人們對自己完成任務能力的看法，當錯覺導致自我勝任感提升時，確實會讓人們在具挑戰性的任務中的表現變好，能堅持更久。而自我勝任感下降則會有相反的效果。[13]

兒童對解決數學問題的信心，就是自我勝任感的研究主題。一個長期研究發現，兒童九歲時對自己能力的信念，也會影響他們十二歲的表現。這意味著，自我勝任感是取得成就的動力，而不是成就造成自我勝任感。因為信念會影響成績，因此男女之間若擁有不同的數學自我勝任感，就可能會造成男女在理工科目成績表現上的差別。最近一項全球調查顯示，有百分之三十五的女生在解數學題目時感到無助，而只有百分之二十五的男生會有這種感覺。這種差異在紐西蘭、冰島等西方國家最為明顯，在馬來西亞、越南等東方國家則比較不明顯。不難想像，自我勝任感的系統性差異可能導致表現上的差異，造成逃避數學，即使女生一開始的能力並不亞於男生。[14]

自我勝任感的這些影響會持續影響我們的成年生活。在職場和學校等社會環境中，女性對自己能力的信心通常低於男性。凱蒂·凱伊（Katy Kay）和克萊兒·希普曼（Claire Shipman）在她們的著作《信心代碼》（The Confidence Code）中描述了對惠普公司員工進行的一項研究。她們發現，女性在認為自己百分之百達到標準時才會申請升遷，而男性在認為自己達到標準的百分之六十時就會申請升遷——也就是說，男性願意在對自己的能力信心較低時行動。而這種自信上的差異，會導致女性的升遷機會較少。[15]

但在其他情況下，較低的自我勝任感可能是經過適應的結果。如果我們能意識到自己的弱點，就能透過心理學家所謂的卸載（offloading）而獲益，也就是使用外在工具幫助我們以最大能力執行任務。其實我們常使用卸載技巧，只是自己不曉得。出門購物前，不妨先思考一下你是否能記得要買的東西，還是要寫一個購物清單。如果你能意識到自己記憶力有限，就會知道要記下所有要買的東西很困難。你知道到什麼程度自己無法光靠記憶力，而是需要幫助。

在實驗中，採用卸載策略的受試者，通常可以提高表現（與無法使用卸載的控制組相比）。表現的提升取決於對自我勝任感的估計。要知道何時該進行卸載，人們首先必須意識到自己的記憶力或解決問題能力可能無法勝任。即使是在控制客觀能力差異的情況下，對自己的記憶力信心較低的人也更可能自行設定提醒。在年僅四歲的兒童身上就能看到「當任務變難時使用外在工具」的能力，顯示自我勝任感和信心從人們小時候就引導他們的行為。[16]

為了釐清後設認知和卸載之間的關係，我的學生胡孝（Xiao Hu）和我一起設計了一個簡單的記憶測驗，要求受試者學習不相關的詞語組，例如「火箭—花園」或「水桶—銀」。但是，我們的受試者也可以將他們不確定的詞語組儲存在電腦檔案中（有點像寫下購物清單）。過了一陣子之後，我們測試受試者對詞語組的記憶時，他們自然會利用儲存的資訊來協助自己正確答題（即使這麼做必須付出一點金錢成本也一樣）。重要的是，我們研究中的受試者只有在對記憶信心低落時才會使用儲存的資訊，這表示後設認知的波動與尋求外在協助的決定之間，存在直接的關聯。本書稍後將看到，自我覺察在幫助我們去瞭解何時以及如何必須仰賴外界協助，已經扮演越來越重要的角色，因為我們的科技助手已經從簡單的清單和筆記，演變到擁有自己的人工智慧想法了。[17]

教導自己學習

到目前為止，我們已經看到後設認知能幫助我們瞭解自己知道什麼、不知道什麼，還能引導我們朝正確的學習方向前進。後設認知（思考有關自己的事）和讀心（思考有關他人的事）兩者緊密地糾纏在一起。人類大腦在兩種情況下似乎是使用類似的機制，只是輸入的資訊不同。這代表光是思考別人知道的事情（以及我們認為他們應該知道的事情），也許能回饋並加深我們對自己所知和不知事物的理解。就像古羅馬哲學家塞內卡（Seneca）說過的：「在教導的過程中，我們也能學習」。

只要仔細觀察孩子的行為，就可以看到讀心在教學中扮演的角色。有一項研究要三到五歲的兒童教導不懂得遊戲規則的布偶玩遊戲。在遊戲期間，除了一個布偶外，其他布偶都犯了錯誤。年紀較大的兒童能準確調整他們的教學方式，把重點放在那些犯錯的布偶，而年紀較小的兒童則是一視同仁。這個結果和我們在第一篇看到的符合：在大約四歲這個關鍵年齡，兒童越來越能意識到他人的心理狀態。這種意識可以讓兒童瞭解別人知道什麼、不知道什麼，因此有助於教學。18

兒童還能憑直覺知道什麼需要教、什麼不需要教。例如，要求學齡前兒童想像：有一個人，在荒島上長大。兒童們都知道，這個荒島居民有辦法自己發現整天不呼吸是不可能的事，也知道一顆石頭拋到空中會掉下來。而兒童們還知道，這個荒島人需要教導，才會知道地球是圓的、身體需要維生素才能保持健康。研究中最小的兒童（五歲）就已經知道可直接獲得的知識以及需要教的知識之間存在差別，而且隨著年紀增長，他們越能分辨這兩種知識。[19]

教導別人可以幫助我們搞清楚自己知道什麼、不知道什麼，也能迫使我們重新思考，要如何獲得更穩固的知識。「考慮他人的觀點」這個動作確實可以對我們的自我覺察帶來好處。如果我們提醒大學生考試近了要好好唸書，同時間也告訴他們：他們必須教導另一個同學關於考試的內容，則那個擔任小老師的人，他的考試分數就會提升很多。事實上，學生只要花八分鐘的時間為學弟妹提供學習建議，就足以拉高「小老師」在接下來學年的成績（與沒有教導學弟妹的對照組學生相比）。做出這個研究的賓夕法尼亞大學心理學家安潔拉．達克沃思（Angela Duckworth）說，教導學弟妹的學生，可能因為這個教學行為，而對自己的知識有了更高的自我覺察。這個結果非常令人訝異，因為有意義的教育措施非常難找，所謂「有效」的教育措施在經過嚴格的科學測試後，往往一點用也沒有。但光是簡短地提供建議給他人，竟可以對在校成績產生有意義的影響，這證明了教學、自我覺察和表現三者良性交互作用的力量。[20]

為什麼教學和給別人建議會對我們自己的學習有好處？因為這麼做可以幫助我們避免後設認知錯覺。內部流暢度常會使我們對自己的知識產生沒有根據的信心，但是當我們必須向他人解釋事物時，就比較不容易受到內部流暢度訊號的影響。例如「解釋深度的錯覺」（illusion of explanatory depth）是一種我們常有的經驗：我們常以為自己瞭解事物是如何運作的（從簡單的小工具到政府政策），但若有人要我們解釋時，我們卻辦不到。強迫我們公開自己的知識，可以讓我們看清錯置的信心。同理，我們比較容易看出其他人在胡說八道，比較難發現自己有同樣的缺點。若人們在判斷邏輯難題的時候，要求他們解釋並證明自己的論點，此時如果他們認為自己的論點來自他人，而非自己，就會對該論點採用比較嚴格的批判標準。而且此時他們也會變得更敏銳——如果他們原本錯誤的答案，被當成是「別人提出的答案」的話，那麼他們就更有可能去修正自己原本錯誤的答案。[21]

這些發現告訴我們，要提高自我覺察有種簡單有效的方法，就是以第三人的觀點看待自己。以色列心理學家和後設認知專家瑞克菲．艾克曼（Rakefet Ackerman）和艾許．

科里亞（Asher Koriat）的實驗符合這個觀點。他們要學生評論自己和他人的學習狀況，然後用影片轉播。在評論自己時，學生們陷入了流暢度陷阱，以為花較少的時間學習就等於自信。但在評論他人時，他們卻（正確地）判斷出，在某個課題上花費較多時間，學習成效會比較好，恰與評論自己時的邏輯相反。[22]

外在的工具也能為我們所知的事物提供新觀點。相較於監控模糊不清的內部過程（其中有許多我們都無法意識到），若能將想法訴諸文字或大聲說出來，可以在反思時有更具體的對象。撰寫本書時，我就親身體會了這一點。在不確定某個章節該怎麼安排時，我發現最好的策略是先把關鍵重點寫在紙上，這樣我才知道安排合不合理。我們可以很自然地將心靈延伸到紙上，這種延伸本身就可以成為後設認知的目標，就像一般的思想和感受一樣，供我們思考反省。[23]

培養學生的自我覺察

後設認知是我們學習新技能和教育兒童的關鍵。學生評估自己的技能、能力和知識的方式，哪怕只受到細微的扭曲，也可能造就成功與失敗的差別。如果我們低估自己，就可能不願意接受考試，不願積極爭取獎品。如果我們高估自己，可能會在結果出爐時大吃一驚。如果我們無法記錄自己學到了多少，就無法知道接下來要學什麼，如果我們無法偵測到自己可能犯了錯，就不太可能在高壓力的考試中回過頭來修改答案。後設認知的這些特徵都很容易受到錯覺和扭曲的影響。

不過我們還是可以保持樂觀。鼓勵學生對以第三人的觀點看待自己的學習並教導他人，他們就比較不會受到後設認知扭曲的影響。深入瞭解學習的認知科學（例如筆記和不同學習方法的成本和效益），不要輕信有時會誤導我們的流暢感受，就能把後設認知誤差降到最低。

重視後設認知的影響，也許能對我們的整體教育帶來好處，讓學生在離開學校之前真正學到「學習」的方法，讓他們渴望學習，而不是用大量的事實填充他們的心靈。已經有許多值得稱許的研究，致力於推動校園裡的後設認知。不幸的是，這些研究並未納入自我覺察客觀指標，因此我們經常無法得知這些研究是否達到預期的效果。但我們可以從「在教室中測量後設認知」開始做起。學生是否瞭解自己知道什麼、不知道什麼？如果不瞭解，我們就必須仿效古雅典的教學模式，在這種模式之下，培養自我覺察與培養學術能力一樣有價值。

這點在更高層級的教育當中還有一個更廣泛的含義，那就是「終身教學」可以反過來促進「終身學習」。傳統上認為教學和發掘新知識是同時進行的兩件事，教學與研究應該是互利的。不幸的是，這種共生關係日益受到威脅。在美國，不具備正規教授資格、沒有研究經費的兼任教員越來越多，使得教學責任與研究脫鉤。而在英國，研究和教學領域之間的分歧越來越大，資助者要求接受獎助金的新秀學者把重點放在研究上。教學和管理責任過重，確實會導致研究品質下滑，學者必須在兩者之間取得平衡。但是我認為應該鼓勵所有研究人員從事教學，因為教學能促使我們反思自己知道和不知道的事情。

我們離開學校後，可能就不需要再磨練考試技巧或尋找最好的學習方式。但是依然有許多情況需要我們質疑自己所知，並詢問自己是否可能犯錯。下一章我們將研究自我覺察如何影響我們成年生活中的選擇與決定。我們會看到，後設認知不僅是在教室裡具有影響力，也影響了我們做決定、與他人合作以及擔任領導者和承擔責任的方式。

第七章
有關決策的決策

即使是受歡迎的機師也必須有辦法讓飛機降落。

——凱蒂．凱伊、克萊兒．希普曼，《信心代碼》

二〇一三年，長年的環保人士馬克．林納斯（Mark Lynas）徹底改變了立場。他原本相信，用科學創造基因改造食品是破壞大自然的行為。他反對基因改造的方法非常激進，拿著開山刀砍倒基改作物，要把這種「基因汙染」從全國的農場和科學實驗室中消滅。

後來，林納斯在牛津農業大會中承認自己錯了。那場會議的影片可以在YouTube看到，非常值得一看。他冷靜地朗讀一篇宣言，說過去的他對科學一無所知，但現在他瞭解基因改造是永續農業體系的關鍵要素，在非基改作物因為疾病而滅絕的地區，基因改造作物能拯救生命。在英國廣播公司的訪談中，林納斯說他覺得自己「好像在戰爭中投靠敵營」，還因此失去了幾個密友。[1]

林納斯的故事之所以吸引人，是因為像他這樣在爭議議題中突然變換立場，是相當罕見的。通常，一旦我們採取某個立場，就會固執地維護我們的世界觀，不願採納其他觀點。可是當事實改變或出現新資訊，則這種不願改變心意的偏見可能導致我們適應不良，甚至造成危險。

但讀了本書的第一篇之後，我們可以對於克服這些偏見感到審慎樂觀。神經機制所支援、用於後設認知和讀心的思考過程，就可以幫助我們擺脫過度狹隘的觀點。我們對自己所做的每個決定，都帶有一定程度的信心（不管是判斷微弱聲音的方向，還是選擇新工作），我們相信自己做了正確的決定。如果決定的信心程度夠低，就能提供我們契機去改變心意與推翻原先決定。後設認知讓我們意識到自己可能犯了錯（就像環保人士林納斯最早意識到自己對科學的認知可能錯誤的時候），並為隨後的立場轉換提供了心理基礎。讀心的能力讓我們推論他人知道什麼，以及他們的知識是否正確，因此可以確保我們在團隊和小組合作時可以從他人的觀點和建議中獲益。[2]在本章中，我們將仔細研究後設認知如何讓我們使用（或不使用）這種改變心意的能力。

改變，或不改變

前面說過，貝氏定理提供了一個有用的架構，讓我們知道何時或者是否應該改變對假設的看法。請回想第一章提到的道具骰子遊戲。如果擲了多次骰子後，我們只得到數字很小的總和，那麼我們對道具骰子點數為0的假設會越來越有信心。在這種情況下，某次擲出的點數總和異常地高（例如10）並不會影響我們的觀點，因為道具骰子的點數仍然可能為0（正常骰子點數為兩個5，或4和6）。更廣泛地說，一個理性遵從貝氏定理的人對某個假設越有信心，則他改變主意的可能性就越小。

這個說法可以透過實驗來檢驗，順便檢視人的神經層級如何處理新資訊。在研究中，受試者必須觀看電腦螢幕上的內容，然後做出困難的決定，但在做完決定後可以查看額外的資訊。例如要求受試者判斷一團雜訊點的移動方向，接著研究人員給他們看另一團雜訊點，這團雜訊點的移動方向與第一團相同，只是雜訊較多（或較少），然後詢問他們對原始決定的信心如何。

遵守貝氏定理的觀察者會彙整決策前、後獲得的證據（具體來說就是每個假設的對數機率比率的總和），然後將其與實際做的決定進行比較。透過電腦模擬這些方程式，我們有辦法明確預測在參與改變心意的大腦區域中，能看到什麼樣的活動模式。如果你是正確的，新的證據樣本將會驗證你的原始決定，而你是正確的可能性就會因此增加（實驗中並未誤導受試者）。但如果你是錯誤的，新的證據樣本會驗證你的原始決定不正確，正確的可能性會下降。因此，參與根據新證據修改信念的大腦區域，其活動將取決於原始決定是對或錯，與新證據的強度呈現反向的關係。

透過在受試者執行任務的同時對他們進行 fMRI 掃描，我們已經能辨識出大腦中準確顯示這種神經標誌的活動模式。我們最感興趣的案例，是當受試者對雜訊點移動方向的判斷錯誤，但因為後續得到更多資訊而推翻了原先的決定。結果顯示，在新資訊出現時（當螢幕上出現新的點），大腦背側前扣帶迴皮質（dACC）會活化，而且活化的模式會顯示出貝氏模型預測的特徵。dACC 就是我們在第二章中看到與誤差偵測相關的區域。研究顯示，dACC 在後設認知中應該扮演更為複雜細緻的角色——它能告訴我們根據新的證據應該如何修正自己的信念，而非單純宣佈我們犯了錯誤。[3]

這些結果顯示，在信念的固定與靈活之間取得適當平衡非常重要，正如同追蹤不確定性對於感知世界很重要。我們可以再度採用蛋糕麵糊比喻來解釋不確定性如何影響我們是否會改變主意。複習一下，麵糊代表輸入的資料，而模具代表我們對於世界的先備知識。假設蛋糕麵糊的濃稠度中等，不會太稀也不會太稠，而且我們有兩個不同的模具，其中一個的材質是有彈性的薄橡膠，另一個是硬塑膠。模具的彈性代表我們對目前對世界的看法（例如道具骰子點數是0還是3，或者雜訊點是向左還是向右移動）有多肯定。

薄橡膠模具（缺乏信心）會適應倒入麵糊的重量，導致模具的原始形狀消失；而硬塑膠模則會保持原狀，最終的蛋糕成品會和模具有一樣的形狀。硬塑膠模具代表對信念充滿自信：無論輸入的資料為何，模具都會保持原狀。

聽起來沒有問題。一個理性遵守貝氏定理的人，能不費力地在目前信念與新的資料之間權衡。但是，正如我們在第一篇所看到的，問題在於我們的信心可能與世界模型的準確度脫節。如果我們過度自信，或認為我們擁有的資訊比實際上要來得可靠，就會有「應該改變心意時卻不改變」的風險。相反地，如果我們的信心不足，即使前面的路很明確，我們也可能會優柔寡斷。更廣泛來說，差勁的後設認知能力會導致我們緊緊抓住早該推翻或拋棄的決策、信念和觀點。

學者麥斯．羅威治（Max Rollwage，他在博士生階段曾加入我的團隊）主導的一系列實驗，就是以信心對心意改變的影響作為主題。先前提到的實驗是要受試者觀看電腦螢幕上一團移動的點，並要求他們判斷點是往左還是往右移，麥斯的實驗就是以這個實驗為基礎加以變化。受試者做完原始的決定後，有機會再度看到題目（那些點點），在某些情況下，這會讓受試者改變原先的決定。這個實驗的巧妙之處在於，麥斯可以透過操縱第一團點的特性，讓受試者對自己原始的決定更有信心，即使他們的表現保持不變（這是第一篇提到的「積極證據」效應的一種形式）。我們發現，自信心增加會導致「心意改變的情況變少」——這點正如我們預期的，後設認知的感受，會在「是否要採用新資訊」的未來決策中，具有因果作用。但是，現在自信心已與受試者決策的準確度脫鉤。[4]

而另一個會影響「我們處理新證據的方式」之因素，就是確認偏誤（confirmation bias）。所謂的確認偏誤就是在做出決策後，我們會偏向去處理支持我們決策的新證據，並忽略與我們決策背道而馳的證據。確認偏誤會出現在醫療診斷、投資決策、甚至是有關氣候變遷的觀點等各種情況中。有一項實驗要求受試者猜測房地產網站上各種房屋的標價是高於或低於一百萬美元。接著研究人員向他們展示一個虛構合夥人的意見（可能同意或不同意他們對房價的判斷），然後詢問他們是否要改變猜測。資料顯示，合夥人同意受試者的觀點時，受試者對自己觀點的信心會大幅增加，而合夥人不同意時，信心只會稍微減弱。這種處理新證據時的不對稱性，反映在dACC的活動狀態上。[5]

這樣的模式乍看之下不符合貝氏定理，因為遵守貝氏定理的人，應該要對新證據很敏感（不管他是否認同新證據）。但事情不只是這樣，麥斯在研究中發現，人們對原始決定的信心程度，也會影響人對「證明自己錯誤的證據」的偏見。在這個實驗當中，學者使用了腦磁圖（magnetoencephalography，MEG）技術，這種技術可以偵測受試者頭部周圍磁場的細微變化。因為神經元是透過發射微小的電脈衝進行溝通，所以我們可以從磁場的細微變化中偵測到神經元活動的明顯跡象。藉由應用機器學習的技術，我們甚至可以根據這些磁場變化的空間模式來解碼人們思考和決策的特徵。在麥斯的實驗中，人透過腦磁圖，學者有辦法看出受試者覺得移動的點是往左還是往右移動。學者發現，人們對決定的信心程度不同，解碼的方式也會有所不同。如果他們對於自己所做的決定，具有高度的信心，那麼任何違背他們原始決定的證據都會無法解碼——感覺就好像大腦根本不想處理與信心信念相牴觸的新證據。這就是因自信產生的確認偏誤。[6]

綜合以上所有資料，我們會得到一個有趣的假設：**確認偏誤等看似適應不良的現象，只要搭配良好的後設認知，其實對我們有益**。解釋如下：如果高度信心容易導致我們偏好支持我們決定的新資訊，只要我們在充滿自信時經常是正確的，這種偏誤就不成問題。反過來說，如果我的後設認知能力很差（我有時會在錯誤的時候充滿信心），那麼，我可能會很容易忽略牴觸我（錯誤）信念的資訊，因而無法建立對世界更準確的觀點。[7]

這種觀點會得出一個結論：人們的後設認知敏感度，與人們在犯錯時重新考慮並推翻決策的能力，兩者之間應該有緊密的關係。我們在線上對數百名受試者進行的一項實驗，已經直接驗證了這個假設。受試者首先必須完成一個簡單的後設認知評估：判斷電腦螢幕中的兩個框框裡面，哪個框框內的圓點較多，並評估自己對這個判斷（亦即他們的決定）的信心。接著，我們讓他們進行第二項任務，內容與第一項很類似，但有點變化。這次他們在做出決定後，會再度看到圓點，並再次要求他們為自己決定的信心加以評分。在兩次獨立實驗中，我們發現「在第一項任務中具有良好後設認知的人」，和「在第二項任務中犯錯後更願意改變心意的人」，往往會是同一群，這顯示自我覺察與較為謹慎的決策之間存在直接關係。[8]

後設認知會促成「改變自己的世界觀」的能力，這點與貝氏定理相符。我們的觀點，會具有各種程度的信心和準確度，例如我對明天太陽會升起的信念很準確，但對於基因改造食品科學的信念則可能較不準確。我們賦予某種世界觀的準確度或信心，其實是一種後設認知的估計，正如麵糊比喻所彰顯的，我們對一件事的看法能有多少改變，取決於當下的信心。但是自我覺察的科學也告訴我們，自信容易受到錯覺和偏誤的影響。後設認知不佳，會使我們不曉得何時或是否應該改變心意。

從知覺到價值

本書到目前為止提到的許多研究，都專注在有客觀正確答案的情況，像是點點是向左或向右移動、某個詞語是否在我們剛才背誦的清單中。但是，有另一種決策更像我們的日常生活決策，這些決策沒有客觀正確的答案，而是取決於主觀偏好。神經科學家將這種決策稱為價值決策，並將之與知覺決策對比。舉例來說，我覺得桌子上的物體比較可能是蘋果或柳橙，這是知覺決策；而我比較想吃蘋果或柳橙，則屬於價值決策。前者有對錯之分（例如，從遠處看時可能把蘋果誤認成柳橙），但說我吃掉蘋果的決定是錯誤的，則會很奇怪。沒有人能說我做這個決定是錯誤的，他人應該推測我只是比較喜歡吃蘋果。因此，如果我告訴自己，我想要的是錯誤的東西，這樣會很奇怪。但真的是這樣嗎？

二〇一一年，我與好友兼倫敦大學學院同事班尼德托・迪馬丁諾（Benedetto De Martino）開始共同研究這個問題。我們每次碰面或線上通話時，常討論大腦對價值選擇是否具有後設認知。關鍵在於：如果人們「知道」自己喜歡柳橙勝於蘋果，就肯定會先選擇柳橙。此時後設認知參與的空間似乎不大。

行為經濟學家很熟悉我們所研究的問題。假設你在餐廳選擇甜點，有兩種價格相似的冰淇淋可供選擇，其中一種有兩杓香草和一杓巧克力，另一種有兩杓巧克力和一杓香草。如果你選擇巧克力比較多的冰淇淋，我們可以推斷你的內在偏好是巧克力勝於香草。你已透過選擇顯示了自己的偏好。如果我們讓你在各種不同的冰淇淋口味之間做選擇，只要觀察你的選擇模式，我們就可能有辦法重建出你對冰淇淋口味的內在偏好細節。

我們可以為這些內在（未觀察到的）偏好分配一個數值，以更正式的方式表示這種情況。假設我藉由選擇顯示，對我來說巧克力的價值是香草的兩倍，我可以把這個關係寫成「$U_{巧克力}=2U_{香草}$」，U是一個抽象的數量，代表我要吃的冰淇淋的「效用」（utility）或價值（我們也可以把效用視為我會從冰淇淋獲得的所有主觀利益，包括口味、熱量等等，減去成本，例如擔心變胖）。我們也能將「對於自己所選口味的信心」定義為C。直覺就可以告訴我們，當兩個選項之間的效用差距越大時，我們對做出正確決定的信心也會增加。如果我強烈偏好巧克力，我應該對自己選擇一杓巧克力（而非一杓香草）有信心，對選擇兩杓巧克力更有信心，並在獲得無限多巧克力冰淇淋時擁有最大的信心。價值差異越大，決策就越容易。我們可以用以下數學式表示這個假設：

這個式子的意思是：我們的信心與兩個選項價值差的絕對值成正比。問題在於，這個式子永遠無法讓我們意識到自己犯了錯——因為我們不可能對於「未選擇的選項」更有信心。因此，這種直覺式的模型並不符合人們能在價值選擇上應用後設認知的情形；信心程度的高低，與我們所決定選項的價值大小，是完全一致的。這對我們來說很奇怪。我們越深入思考，就越是認為關於價值選擇的後設認知不僅可能，而且對於我們的生活方式至關重要。對我們來說，這種後設認知變得隨處可見。

我們可以用換工作來舉例。這是選項A（目前工作）和選項B（新工作）之間的價值選擇。仔細衡量優缺點（同事、升遷機會、通勤等等）後，你可能會覺得整體上選項B比較好。於是你決定辭掉目前的工作。但突然間，你感到一陣後悔和猶疑。這個決定真的是正確的嗎？留在原本的公司會不會比較好？這就是有關你是否做出正確決定的後設認知想法，也是有關價值選擇的後設認知。這種對於自己的選擇所做出的自我背書，就是決策的關鍵，也可能會影響我們是否要推翻自己的決策。

班尼德托和我，加上幾位同僚，開始一起在實驗室裡研究人們對自己主觀選擇的自我覺察。為了應用我們在第四章介紹的後設認知統計模型，我們必須讓受試者連續做出很多選擇，並評估他們「對於自己是否做出最佳選擇」的信心高低——這能顯示他們是否真的想要自己選的東西。我們收集了各種零食，例如巧克力棒和洋芋片，並向受試者展示所有可供選擇的點心配對組合（總共有數百種組合）。例如，某些試驗可能會要你決定，你是否喜歡巧克力棒勝於洋芋片，而某些試驗可能會要你在另一牌的巧克力棒、旋轉脆片之間，或者是旋轉脆片和洋芋片之間，做出選擇。為了確保這些選擇有效，我們採用了以下幾種措施：首先，受試者面臨的品項是隨機挑選出來的，而且受試者真的可以吃他們所選的零食。再來，受試者在進入實驗室前，必須禁食四個小時，確保他們肚子餓了。第三，研究結束後，他們還得在實驗室待一個小時，在此期間，他們唯一能吃的東西就是他們在實驗中選擇的其中一種零食。

接著，我們使用統計模型評估受試者的後設認知，這些統計模型能推估準確度（受試者的選擇實際上是對或錯）與信心之間的關聯。價值選擇實驗的障礙在於，我們很難定義什麼算「準確」。要如何分辨人們是否是真的想選擇旋轉脆片，而非獅子牌巧克力棒？

在第一次嘗試中，我們要求受試者提出在實驗後他們願意為各種零食支付多少錢（為確保人們有誘因說出他們實際願意支付的金額，我們讓他們說出的金額會產生實際的後果：金額較高，能吃零食的機會就大）。舉例來說，你可能為獅子牌巧克力棒出價五元，為旋轉脆餅出價十五元，這明顯表示，你喜歡旋轉脆餅勝於獅子巧克力棒。如此一來，我們就得到了估算上述式子所需的兩個要素：受試者對每個決定的信心，以及各個選項的（主觀）價值。

我們從資料中發現的第一件事是，正如標準模型所預測的，受試者對簡單的決策比較有信心。比較令人訝異的是，即使價值差異相同（兩個決定在主觀上同樣困難），受試者的信心卻有時高、有時低。我們進一步探究資料後發現，受試者充滿信心時比較可能選擇他們願意付比較多錢取得的零食。但在他們信心不足時，有時候會選擇對他們來說價值不高的零食。這樣看來，我們實驗的受試者意識到自己犯了主觀錯誤，也就是說，他們選了旋轉脆餅，但意識到自己實際上比較喜歡獅子巧克力棒。

我們也用fMRI追蹤受試者決策過程的神經基礎。我們發現腹內側前額葉皮質中的大腦活動會追蹤不同零食的價值，這與其他許多有關主觀決定的研究的發現一致。受試者對自己的選擇較有信心時，同一區域也會顯示較高的活化程度。相較之下，前極皮質外側（如我們在第一篇所看到的，這是對後設認知敏感度很重要的大腦區域）會追蹤受試者對選擇的信心，但對選擇的價值相對較不敏感。換句話說，人們知道自己什麼時候是按照自己的價值觀行事，這種對自身知識的神經基礎，可能與關於其他類型決策的後設認知的神經基礎相似[9]。

這些實驗顯示，「想要」某種東西是一種真實的感受。我們能意識到自己所做的選擇是否符合自己的偏好，長久下來，我們可以利用信心來確保自己擇己所愛，愛己所擇。

在實驗的後期，受試者再度遇到完全相同的零食組合，這讓我們能夠識別出他們改變選擇的情況。當受試者對原始選擇缺乏信心時，就較有可能在第二次選擇時改變心意，使選擇更符合自己的偏好。[10]

微妙的平衡

我們對後設認知和心意改變的研究顯示，**願意承認對自己的決策信心不足，可以讓我們有更好的適應能力。**透過接受改變，我們就比較能接受可能與我們現有觀點牴觸的新資訊，就像環保人士馬克·林納斯一樣。而且，正如我們所看到的，這在我們的後設認知準確的時候最有效。我們會希望自己在有可能犯錯時願意改變心意，並在正確時堅定不移。這樣一來，良好的後設認知會促使我們採取更能反思的思考方式，並防止我們發展出有關世界的錯誤信念。

舉例來說，請想想這個問題：

一支球棒和一顆棒球共要價一點一元。球棒比棒球貴一元。請問，那顆棒球多少錢？

直覺告訴我們的答案（有很大一部分的研究受試者回答這個答案）是零點一元。但只要思考片刻，就能察覺這個答案是錯誤的：如果球棒的價格比零點一元高一元，那麼球棒的價錢就是一點一元，這代表買一組球棒和棒球總共要花一點二元。透過計算，我們可以得出正確的答案是零點零五元。

這是心理學家沙恩．費德瑞克（Shane Frederick）構想的認知反省測驗（Cognitive Reflection Test，CRT）其中的一個問題。要正確回答這類問題很困難，因為它們經過設計，能將後設認知錯覺最大化。但是這類問題能讓人對準確度很低的答案充滿信心。如果我們一開始充滿信心，就可能會立刻回答「零點一元」，不會重新考慮答案或改變主意。[11]

受試者在認知反省測驗的得分高低，可以有效預測他們在獎勵理性、反思性思考的其他工作中（包括理解科學問題、拒絕相信超自然現象，以及發現假新聞的能力）的表現。

為什麼有這種關聯？原因之一是，認知反省測驗使用了自我覺察的一種思考方式，這種思考方式能幫助人們意識到自己可能是錯的，並且需要新的證據。即使在控制一般認知能力的情況下，這種關聯在統計上仍然存在，這表示透過認知反省測驗所衡量到的反思能力，跟後設認知敏感度一樣，可能與智力有所不同。[12]

研究者進一步探究人們無法通過認知反省測驗的原因，發現人們**若相信自己最初信心不足的感覺，並花時間重新考慮他們的決定，則會有更好的表現**。但在同時還有另一股反向的力量會讓我們過度自信（無論我們實際上是對是錯），這股力量就是：在他人眼中，自信和果斷是充滿魅力的特質。儘管瞭解自己的極限、聽從信心低落的感覺會有很多好處，許多人仍然偏好維持快速、果斷、自信的生活型態，並且希望我們的領導人和政治人物也是這樣。這樣的矛盾要如何解釋呢？

政治學家多明尼克．強森（Dominic Johnson）和詹姆士．福勒（James Fowler）的研究提供了線索。他們製作一款電腦遊戲，讓其中大量的虛擬角色爭奪有限的資源。贏得競爭的人通常會得到更好的體能，並且更有可能生存（標準的演化結果）。每個角色還具有客觀的力量或能力，使他們能或多或少贏得資源的競爭。關鍵在於，角色決定是否要爭奪資源，取決於他們對自身能力的後設認知信念（也就是自信），而不是實際能力。而且電腦模擬中的信心程度可能有所不同，使研究人員可以建立並研究信心不足和過度自信的角色。

有趣的是，在多數情況下，過度自信的角色往往表現比較好。在取得資源的好處很大，以及不同角色的相對實力尚不確定時，尤其是如此。學者認為，過度自信是經過適應的結果，因為過度自信能讓人在原本可能會遲疑的情況下奮戰。就像俗話說的：「放棄的話，比賽就結束了。」這麼看來，過度自信之於決策的好處，類似於自我勝任感之於學習的好處，兩者都可能成為自我實現的預言。[13]

較有自信的人似乎確實能獲得較高的社會地位和較大的影響力。一項實驗要求受試者合作在地圖上標註美國各城市，過度自信的人在夥伴的眼中能力較好，而且過度自信也較常與尊敬和欽佩有所關聯。查看實驗錄影帶時，較有自信的人話比較多、語氣比較果斷，行為舉止也比較冷靜、放鬆。這項研究的作者在結論中挖苦道：「比起實際上更有能力的人，過度自信的人更能有效地展現出能力的表象。」[14]

表現果決的領導人和政治人物也比表現謹慎的人更能獲得喜愛和尊敬，而且承認錯誤經常被視為軟弱的象徵。從在餐廳點餐的時候考慮太久，到政策上的髮夾彎，猶豫不決的人都沒有什麼好名聲。二〇〇七年秋天，時任英國首相布朗（Gordon Brown）享有很高的人氣。他剛從布萊爾（Tony Blair）手中接下工黨黨魁，並巧妙處理了一連串的國家危機，包括恐攻事件。所有跡象都顯示，他會在選舉中大獲全勝——這場選舉他勢在必得。但他公開決定推遲選舉，因此得到優柔寡斷的名聲，他的威信也跟著瓦解。二〇〇四年美國總統大選，民主黨候選人凱瑞（John Kerry）同樣遭人指控優柔寡斷。在一次著名的談話中，他試圖解釋他是否贊成資助美軍在中東軍事費用的投票紀錄，說道：「我本來投票贊成投入八百七十億美元，後來才投了反對票。」

我們必須維持一種微妙的平衡。演化模擬證實，在不同個人爭奪有限資源的情況下，過度自信有其好處。微幅提升自信心，也能讓我們在他人眼裡更具競爭力和吸引力。但這些研究並未考量「過度自信在我們監控自己決策時可能存在的弊病」。如我們所見，過度自信會讓我們失去從內在檢驗自己是對是錯的好處。

那麼，這是不是代表我們永遠無法兩全其美呢？我們是否必須在自信但不懂得反思的領導者，以及畏首畏尾卻懂得內省的追隨者，這兩種角色之間做選擇？

好消息是，這兩者之間存在著中庸之道，讓我們能利用瞭解自己弱點的好處，同時在必要的時候適時展現自信心。論點如下：如果我具備自我覺察的能力，那麼我就有辦法，也願意承認自己可能犯錯。但是，我也能在有需要的時候，適時地虛張聲勢，提高自信心。唯有在「對於現實情況有所瞭解」的情況下，才能夠真正地虛張聲勢。若對現實情況毫不瞭解，那就只是盲目的過度自信而已。（我記得唸書時有次和朋友一起打牌，當時有個朋友還不太懂規則。他一手爛牌，卻把所有人唬得全部蓋牌。如果他知道自己是在虛張聲勢，那就真是充滿自信的傑出一手！）[15]

這種策略性的後設認知需要我們將心理結構一分為二，區分「自己感覺到的信心」以及「傳達給他人的信心」。例如，為了說服他人，我們可能會刻意誇大自己的信心，或者為了避免為代價高昂的錯誤負責，而刻意採取保守立場。我團隊中的博士後研究人員丹．邦格（Dan Bang）最近進行的一項實驗，能讓我們一瞥是什麼神經機制在協調策略性的後設認知。丹設計了一個情境，讓受試者與虛構的「玩家」合作，一起判斷電腦螢幕上隨機飄動的一團點點是往哪個方向移動，類似我們有關改變心意的實驗。不同的地方在於，玩家具有不同的信心程度。有些玩家偏向自信不足，而有些玩家偏向過度自信。遊戲規則規定，小組當中最有信心的判斷，將被視為整個小組的決定，這類似會議中講話最大聲的人就能主導會議程序。也就是說，當受試者與「自信心低落的玩家」合作時，受試者可以策略性地降低自己的信心（避免主導決策），而與較有自信的玩家合作時，最好大聲表達自己的意見，確保對方能聽到你的聲音。

我們實驗中的受試者馬上就瞭解了這一點，很自然地將自己的信心調整到與夥伴大致相符的程度。接著，我們研究對後設認知很重要的前額葉區域的大腦活動模式。我們在腹內側前額葉皮質中發現的活化情形，可以追蹤受試者自己對決定感到的信心。這種活化情形受到判斷困難程度的影響，但不受到夥伴是誰影響。相反地，我們在前極皮質外側發現的神經訊號能追蹤夥伴不同時，受試者需要策略性調整信心的幅度。這些發現也能幫助我們進一步理解第一部分所提到隱含與外顯後設認知之間的差別。信心和不確定性的隱含訊號似乎在神經處理的許多階段都被追蹤。但是，策略性地使用信心，並向他人傳達信心的能力，可能必須仰賴位於前極皮質中心的大腦網路——這種網路在人類大腦中特別廣闊，而且在童年時期需要一段時間才能成熟。[16]

採取後設認知立場需要勇氣。我們在前面看到，公然質疑自己會讓我們容易受到他人攻擊。因此，這也難怪世上最成功的領導人會如此重視策略性後設認知，以及長期的反思式決策法了。成功的領導人必須意識到自己的弱點，同時又要在需要時策略性地傳達自信心。正如瑞·達利歐（Ray Dalio）在他的暢銷書《原則》（Principles）中所說的：

「這件事教導我，無論多麼有自信，永遠都必須提防自己是錯的可能性。」[17]

亞馬遜公司二〇一七年給股東的信和許多跨國公司一樣，回顧了公司一年來的里程碑，並展望未來的野心。但這封信格外引人注目的地方在於它對自我意識的關注：「你可以認為自己擁有高水準，但同時也有致命的盲點。在某些領域中，你可能連自己的水準很低，甚或沒水準，都渾然不自知，更別提擁有世界級的水準了。接受這種可能性非常重要。」亞馬遜執行長貝佐斯（Jeff Bezos）以身作則，他主持的高階主管會議非常特別。他的會議要求高階主管安靜地進行三十分鐘的「學習時間」，閱讀其中一位主管事先準備的備忘錄，而不是讓一群人坐在會議室裡閒聊。這樣做的目的是強迫每位主管思考他們讀的內容、形成自己的觀點，並思考對自己和公司有何意義。從他的股東信和如此不尋常的會議安排，可以知道貝佐斯顯然非常重視個人的自我覺察——你不僅要瞭解狀況，還要知道自己知道什麼、不知道什麼。[18]

貝佐斯看待自我覺察的觀點和運動教練相同。有了自我覺察，我們就能發現自己的進步空間。他進一步在二〇一七年的備忘錄寫道：「美式足球教練可以不會傳球，電影導演可以不會演戲。但他們都必須有辦法瞭解什麼是高水準的表現。」

許多成功的個人和公司都非常重視後設認知，這很可能並非偶然。後設認知使他們靈巧、適應力強，能提早發現錯誤，並瞭解自己哪裡需要改進。古希臘人認為sophrosyne（平衡、慎重的生活方式）建立在對自我有效的認識之上。知道自己想要什麼（並知道我們知道什麼）之後，我們就能透過反思，為自己的良好決定背書，並採取行動推翻或改變不好的決定。表現得自信、果斷，讓他人感到安心，這樣通常很有用，但是我們也希望領導者在可能犯錯時具備良好的後設認知能力，願意快速意識到自己身處危險，並做出應對，改變方向。自我覺察也可以幫助我們在資訊混雜、意見兩極化的世界擔任良好公民。自我覺察能幫助我們察覺我們不知道自己想要什麼，或者需要更多資訊才能得到答案。

就像本書一開始提到的小珍、茱蒂絲和詹姆斯的例子，如果我對自己的知識、技能或能力的後設認知很差，那麼我未來的工作機會、財務狀況或身體健康可能都會受到影響。在他們的例子中，他們的自我覺察失能，不太可能會影響他人。但是我們也看到，後設認知的影響很少只侷限於個人。和他人一起工作時，缺乏自我意識可能會導致網路效應——網路效應在個人的層級上很難預測，但會對團隊、組織，甚至機構產生有害的影響。在下一章，我們將把焦點擴大，從做決定的個人擴大到一起合作的團體成員。我們將會看到，有效的後設認知不僅對反思和控制自己的想法至關重要，還能讓我們將自己的心理狀態傳達給他人，成為人類各種形式合作的催化劑。

第八章
合作與分享

意識實際上不過只是人與人之間的連結網路，因為如此，人才需要發展出意識：隱居或掠奪成性的人並不需要意識。

——尼采（Friedrich Nietzche），《快樂的科學》（The Joyous Science）

人類知識的專業化程度日漸提升，代表以全球為範圍的合作能力比以往都來得更重要。很少有人具備建造飛機、治療病患或經營公司必需的所有專業知識。相反地，人類之所以能有這些成就，有很大一部分要歸功於我們在必要時進行合作、分享資訊和專業知識的能力。要與他人分享和合作，我們必需瞭解他人所知為何。舉例來說，我和老婆去度假時，我知道她會知道要去哪裡找防晒乳，而她知道我會知道要去哪裡找沙灘浴巾。

我們已經看到，許多動物都擁有隱含後設認知的能力，但是似乎只有人類才有辦法明確表達自己和他人思想的內容。自我覺察的能力與語言的實用性兩者彼此強化，語言能力顯然對合作和分享想法的能力至關重要。但光靠語言是不夠的。如果我們沒有傳播和分享思想和感受的能力，人類語言不過只是一種較為繁複的原始警示呼叫罷了。猴子會使用各種呼叫和手勢來分享有關世界上事物的資訊，例如食物來源和掠食者的位置。但就我們所知，牠們無法使用這種原始的語言傳達心理狀態，例如牠們對掠食者感到的恐懼或焦慮。無論語言能力發展得多麼繁複，如果沒有自我覺察，我們都無法使用語言將自己的想法和感受告訴彼此。[1]

自我覺察是與他人合作的核心，但這有一個缺陷：這代表有效的合作，經常取決於有效的後設認知，可是如我們先前所看到的，後設認知常會失能（肇因很多）。自我覺察的細微變化，在群體和社會中放大後就會變得很重大。我們將在本章中看到，在體育、法律和科學等各領域中，後設認知在我們與他人合作的能力中扮演什麼樣的關鍵角色，並瞭解自我覺察的科學能如何促進人類智慧的下一波發展。

團結力量大

試想有兩個獵人在追捕獵物，並肩蹲在草叢裡觀察動靜。其中一個人說：「左邊好像有動靜。」另一個獵人回答：「我沒看到，但是那裡絕對有東西，我們往那裡走吧。」在類似的情境中，很多人會聽從比較有信心的那個人。

在這種情境中，信心是表達信念強度的有效指標。全世界運動場上的專業裁判都很習慣整合每個人的信心，共同做出決定。我小時候很迷足球。一九九六年的歐洲冠軍聯賽讓我印象深刻，當年賽事有首代表歌曲《三頭獅子》（Three Lions），出奇的好聽。它的歌詞令人印象深刻：「朱爾·雷米（Jules Rimet）獎盃仍在閃爍／三十年的傷痛」。朱爾·雷米獎盃指的是世界盃的獎盃，而「三十年的傷痛」指的是英格蘭自從一九六六年就再也沒有贏得世界盃了。

因為這些歌詞，我去查了一九六六年那場英格蘭對西德的知名決賽，究竟發生了什麼事。比賽進入延長，兩隊二比二平手，整個國家都停止了呼吸。比賽地點在倫敦溫布利球場（Wembley），若能在主場贏得世界盃，會是童話故事般的結局。你可以在YouTube上找到古舊的電視畫面，看艾倫．鮑爾（Alan Ball）把球傳給英格蘭前鋒傑夫．赫斯特（Geoff Hurst）。赫斯特近距離射門，球擊中球門橫桿的下方，反彈到球門線上。英格蘭球員認為赫斯特得分了，因此歡呼雀躍。

判斷球是否越線得分是線審的工作。那天的線審是來自前蘇聯亞塞拜然的托菲克．巴赫拉莫夫（Tofiq Bahramov）。巴赫拉莫夫的出身讓這個故事更增趣味，因為西德剛在準決賽中淘汰了蘇聯。在全球電視機觀眾的注目下，巴赫拉莫夫必須決定比賽的結果。當年沒有科技可以幫忙，他判斷球越線，英格蘭得到了關鍵的一分。接著赫斯特在讀秒階段再進一球，讓比分來到四比二，此時觀眾已經湧入球場慶祝。

現代的專業裁判能以科技在球場上彼此溝通，也可以立刻觀看電視重播，再據此做出專業決定。如果當年巴赫拉莫夫對於有沒有進球，表達出某種程度的不確定性，那麼結果會如何呢？不難想像，在沒有其他影響裁判的因素之下，或許另一位更可疑的線審很有可能會做出對西德隊有利的判決。

但是正如我們看到的，只有在「我們的信心能準確傳達他人判斷的準確性」的情況下，將信心分享出去才有用。我們都不希望自己的同事出現犯錯時充滿信心，或是正確時缺乏信心的情況。

學者巴哈多．巴赫拉米（Bahador Bahrami）和同事在實驗室進行研究，證明了後設認知在做集體決策時的重要性。他們要求兩兩成對的受試者觀看電腦螢幕上短暫閃過的刺激，任務是判斷比較亮的是第一次還是第二次閃過的刺激。如果兩個受試者意見不同，研究人員會要求他們說明各自的原因，並達成共同的決定。這個實驗類似那天擁擠的溫布利球場的狀況：裁判和線審要怎麼一起評估球是否越線？

實驗結果很明確，很驚人。首先，研究人員量化每位受試者獨自觀看目標刺激時的敏感度，這能提供基準，比較他們與他人共同做決策時的表現會有什麼變化。接著，研究人員檢視受試者起初意見不同的共同決策。值得注意的是，如果題目相同，在大多數情況下，共同做出的決策會比單獨作業表現最好的受試者的決策更準確。這就是所謂的「團結力量大」效應。原因如下：每位受試者都提供有關目標位置的一些資訊。接著，統整這些資訊的數學演算法會根據其可信度進行加權，使得統整後資訊的準確度比各資訊準確度的加總要來得大。人們會直覺地傳達自己對決策的信心，因此團結力量大效應就產生了。[2]

此類實驗中，兩兩成對的決策者傾向使用共同的精細指標分享自己的信心（使用如「我確定」或「我非常確定」之類的詞語），而習慣使用這些指標的人會得到較多的集體利益。他人的想法和感受還有許多隱含的暗示，我們並不一定總是得仰賴他們說的話。人們在充滿自信時行動會比較快、比較果決；說話有自信的人通常語調鏗鏘、音量較大，或者發音較快。即使是在電子郵件和社群媒體中也能找到信心的跡象。一項實驗模擬線上訊息，對自己的信念較有信心的受試者通常會先傳訊息，這也能預測訊息的說服力。這種細膩、相互、直覺的後設認知互動能讓團體巧妙地調整彼此對世界的觀點。[3]

錯誤指認

或許我們不必經常對外說明「我對自己的信念有多少信心」。但是，有一種高風險的環境裡，後設認知陳述的準確性非常重要。在世界各地的法院，證人都會站出來聲明自己看到或沒有看到某件犯罪發生，而充滿信心的目擊證人報告經常足以動搖陪審團。但是，根據現有的後設認知的科學知識，如果人所說的和事實不符，這點應該不意外吧。

一九八七年二月，十八歲的唐特・布克（Donte Booker）因為一起有關玩具槍的事件遭到逮捕。有名員警想到，有一起尚未偵破的強暴案也與玩具槍有關，於是將布克的照片加入嫌疑犯的照片中。受害者充滿信心地指認布克就是強暴犯，再加上玩具槍的間接證據，讓布克遭判入獄二十五年。服刑十五年後，他於二〇〇二年獲得假釋，背負著強暴犯的罪名重新展開人生。到了二〇〇五年一月，DNA檢驗才證明布克並不是強暴犯。真正的強暴犯是個前科犯，他在布克已經入獄時犯下一樁搶案，警方因而取得他的DNA。

不幸的是，這種案例很常見。美國公共政策組織清白專案（Innocence Project）致力於還給冤獄者清白，根據估計，美國三百七十五件遭到事後DNA證據推翻的錯誤定罪判決中，大約有七成是錯誤指認造成的（請注意，這僅限於最後被推翻的判決，錯誤指認的實際頻率很可能要高得多）。錯誤指認通常是後設認知失能造成的：目擊證人經常認為自己對事件的記憶是準確的，並且對自己的指認懷抱不合理的高度自信。而陪審員會把目擊證人的信心當真。

一項模擬陪審團研究操縱了與犯罪有關的不同因素，例如被告是否有所掩飾，或者目擊證人對自己回憶相關細節的信心如何。驚人的是，目擊證人的信心是最能預測有罪判決的指標。類似的研究發現，目擊證人的信心對陪審團的影響遠勝於證詞的一致性，甚至專家意見的影響。4

這在在顯示了良好的後設認知對法律程序至關重要。如果目擊證人具有良好的後設認知能力，他們就有辦法適當分辨出，什麼是自己可能犯錯的情況（向陪審團表達較低的信心），什麼是較可能為真的情況。因此，有件事令人擔心：對目擊證人記憶的實驗室研究顯示，他們的後設認知異常地差。

湯瑪斯・布西（Thomas Busey）、伊麗莎白・洛夫圖斯（Elizabeth Loftus）等人在一九九〇年代進行一連串的實驗，研究目擊證人的信心。學者要求受試者記住一張表上的面孔，然後在稍後判斷某張面孔是否曾出現在表內，或者是新臉孔。他們也要受試者說明對自己決定的信心。到目前為止，這是一項標準的記憶實驗，但是研究人員加入了一個有趣的轉折：有一半的照片出現在昏暗燈光下的電腦螢幕上，另一半則是放在明亮的燈光下。這是在模擬典型的指認環境——證人經常只是在昏暗的犯罪現場瞥見攻擊者一眼，但卻被要求在明亮的光線下從列隊中挑出攻擊者。

結果非常明確，令人感到不安。在指認階段調高臉部的亮度，會降低指認的準確性，卻會增加受試者對自己答案的信心。研究人員得出的結論是：「受試者顯然相信，較明亮的測試刺激能幫助他們，但實際上卻會導致準確性大幅下降。」[5]

照明強度對人們指認信心的影響，是後設認知錯覺的另一個例子。人們覺得自己比較容易記得明亮燈光下的臉孔，即使這種信念並不正確也一樣。研究人員發現，目擊證人還會將來自警察和他人的資訊融入他們對事發經過的記憶中，導致他們的信心隨著時間過去受到進一步的影響。

那麼，該如何應對這種可能出現在法院中的後設認知系統性失能呢？一種解決後設認知失能的方法是讓法官和陪審團更加意識到自我覺察的脆弱性。這就是紐澤西州採取的方法，該州在二〇一二年將以下文字加入對陪審團的指示：「儘管有些研究發現，高度自信的證人更有可能做出正確的指認，但目擊證人的信心通常不是準確性的可靠指標。」另一種解決方法是去找出，然後專注在可以讓人們的後設認知維持完好無缺的條件。透過應用自我覺察的科學，我們有理由保持樂觀。關鍵在於，證人的信心在最初列隊指認時通常很能預測準確性，但在一段時間過去後，證人對自己錯誤指認的信心越來越牢固，因此在審判期間信心越來越無法預測準確性。[6]

還有一種解決方法是提供有關個人後設認知指紋的資訊。例如，模擬陪審員會覺得對錯誤資訊有信心的證人較不可信。在其他條件相同的情況下，我們偏向相信擁有較好後設認知能力的人。我們知道，這些人充滿信心時告訴我們的事情，很可能是真的。無法瞭解他人後設認知的情況下才會出現問題——例如我們只和對方互動過幾次，或者他們隱藏在匿名的網際網路和社群媒體中。在這種情況下，信心最為重要。

瞭解影響目擊證人自我覺察的因素後，我們就可以據此設計制度，確保證人的證詞能協助正義的實現，而非阻礙正義。舉例來說，我們可以要求證人進行後設認知測驗，並將結果報告交給法官和陪審團。或者，我們可以在列隊指認時例行性地記錄信心數字估計值，並回報陪審團，以確保後設認知傾向準確時，能提醒陪審團證人對其一開始指認的感受為何。

當然，法院比較容易制定嚴格的規章制度。那如果是混亂的日常生活，該怎麼辦呢？有什麼辦法能確保我們與彼此互動時不會因自我覺察的失能而犯錯？[7]

正確的無知

如果一個人的後設認知能力很差，他對自己的判斷和意見的信心，往往會與現實脫節。久而久之我們就知道，碰到重要議題時，這個人的意見要打點折扣。但如果是第一次與這個人互動，我們可能會姑且信之，聆聽他們的意見和建議，並假設他們的後設認知如果不是最好，至少是完整的。我希望，現在你對於這種假設會更加謹慎——我們已經看到，後設認知會受到人們壓力和焦慮情況等變化的影響。每個人的後設認知錯覺和自我覺察都不同，意味著在我們把某人的自信當成「他觀點正確性的指標」之前，明智的作法是進行自我檢驗。

這在與人第一次（或是唯一一次）合作時尤其重要。如果我們手上的資料有限（例如某人對於他的判斷，有高度信心），就不可能評估一個人的後設認知敏感度。我們不知道，這個人是因為他是正確的，並具備良好的後設認知能力，所以才傳達自己充滿自信，還是說其實他的後設認知能力不佳，但是依然表達高度自信。

我和律師羅伯特．羅斯科普夫（Robert Rothkopf）研究了這類落差的問題。羅伯特有一個訴訟基金，專門處理集體訴訟案件。他的團隊經常需要根據勝訴的可能性來決定是否在新案件投入資本。羅伯特發現，報告投資案件的律師經常以口頭描述案件勝訴的機會：像是說勝訴「合理的可能性」或「非常有可能」等等句子。但這些律師真正要表達的意思是什麼？

為了找出答案，我和羅伯特對全球兩百五十名律師和企業客戶進行了一項調查，要求他們對信心的口頭描述（例如「幾乎肯定」、「合理可議」和「機率相等」）分配百分比。結果發現，他們對這些語句的解釋方式存在很大差異。舉例來說，「非常有可能」

的機率有可能低於百分之二十五，也可能接近百分之百。[8]

這個發現有一個很明確的意義。首先，口頭上的自信標籤相對不準確，包含了各種可能性，取決於說話的人是誰。第二，如果一個行業的不同部門之間沒有共同語言可以用來討論對信念的自信，他們很可能會雞同鴨講。第三，在未長期瞭解某人信心判斷準確性的情況下，我們必須謹慎面對獨立的陳述。為了避免這些陷阱，羅伯特的團隊現在會要求律師給予建議時使用數字估計機率，而不是用意義模糊的語句。他們還制定了一個程序，要求團隊中的每位成員針對自己對案件的預測獨自評分，然後再進行小組討論，以準確取得個別的信心估計值。[9]

科學家也無法倖免於後設認知的集體失能。每年有數百萬篇新的科學論文發表，心理學領域就佔了上萬篇，要把所有論文讀完是不可能的事。哥倫比亞大學的神經科學家斯圖爾特・費爾斯坦（Stuart Firestein）在其名為《無知》（Ignorance）的優秀著作中提出一個很有說服力的觀點：面臨如洪水般的大量科學論文時，討論自己不知道的事情，並培養對於尚待發現事物的「無知」，會是一項比「光是知道事實」更重要的技能。我總是盡力提醒我的學生，知識儘管很重要，但在科學領域必須具備一項重要技能，那就是知道自己不知道什麼。[10]

事實上，科學作為一個整體已經越來越瞭解自己知道什麼、不知道什麼。二〇一五年一項研究發現，心理學教科書中提到的一百種研究成果，只有三十九種可以成功複製。最近，《科學》（Science）與《自然》（Nature）雜誌發表二十一項知名研究的複製，成功率略高一點（百分之六十二），但這對想要以最新研究成果為基礎開始做學術研究的社會科學家來說仍是一個值得擔憂的數字，而且對於剛開始攻讀博士學位的學生，具有更深層的意義，因為他們經常被要求複製另一個實驗室的重要研究，作為新實驗的起點。當表面上可靠的發現開始崩潰，追逐不存在的結果可能必須耗時好幾個月，甚至好幾年。但是在越來越多人意識到某些科學發現其實片面、不可靠的同時，也有許多人早就知道這件事了。我常在科學研討會或會議場地附近的酒吧聽到有人說：「對啊，我看了某某人的最新發現，但我覺得並不是真的。」[11]

換句話說，科學家似乎擁有非常精良的「胡扯偵測器」，但因為我們固執地死守傳統的論文發表流程，使得胡扯偵測器無法發揮作用。好消息是體制已經逐漸開始改變。柏林馬克斯・卜蘭克人類發展與教育研究所（Max Planck Institute for Human Development）的朱莉婭・羅勒（Julia Rohrer）帶領她所謂的「失去信心計劃」（Loss-of-Confidence Project），讓研究人員能更容易地回報他們對資料的看法有何變化。現在的研究人員可以填寫一張表格，解釋他們為什麼不再相信自己過去所做的研究結果。因為研究人員最瞭解自己的研究，所以也最適合擔任批評者的角色。羅勒希望，科學界能因為這個計劃「找回『自我修正』當中的『自我』」，並幫助試圖以前人研究為基礎的研究人員增加透明性。[12]

此外，藉由鬆綁傳統科學發表的限制，研究人員越來越習慣在線上分享資料和程式碼，讓其他人能夠檢驗或測試他們的主張，當作同儕審查程序的標準流程。藉由上傳帶有時間戳印的文件概述實驗的預測和依據（所謂的「預註冊」preregistration），科學家可以讓自己保持誠實，避免編造故事解釋片面的發現。此外，研究資料也令人鼓舞：當科學家承認自己犯錯時，學術界的反應是正向的，認為他們有責任感、心胸開放，而不是覺得他們能力不足。[13]

另一個努力的方向是建立「預測市場」，讓研究人員可以在他們認為可以複製的發現上下賭注。社會科學複製計劃（Social Sciences Replication Project）團隊設立了一個交易所，讓志願者可以根據他們對每個受到檢視的研究的可複製性買賣「股票」。市場上的每位參與者一開始都有一百美元，最終收益取決於他們對可以複製的發現下了多少賭注。他們下注的選擇，讓研究人員能夠精準判斷研究社群對自己的工作有多少後設知識。驚人的是，這種市場很能預測哪些是穩健的研究，哪些不是。交易者有辦法發現某些統計結果的弱點或樣本數小等特徵，這些特徵不一定會導致論文無法發表，但容易讓讀者起疑。[14]

這種集體後設認知可能會隨著科學發展變得越來越重要。愛因斯坦曾對科學進步的悖論提出一個強而有力的比喻。如果我們將所有科學知識的總和想像成一顆氣球，在我們吹氣時，氣球表面積會擴大，並接觸氣球外更多的未知事物。也就是說，我們擁有的知識越多，不瞭解的事物也會越多，因此提出正確問題的重要性也會增加。科學非常仰賴自我覺察——它取決於個人判斷特定立場證據的強度，並將其傳達給他人的能力。斯圖爾特．費爾斯坦將此稱為「高品質」的無知，不同於所知甚少的低品質無知。他指出：「如果無知……是推動科學發展的動力，我們必須對其投以與看待資料同等的細心和關注。」

建立擁有自我覺察的社會

我們在本章中看到，在運動場、法院到科學實驗室等各種情境中，有效的合作取決於有效的後設認知。但是，社交互動不僅限於工作場所和體制中的少數人。多虧了社群媒體，現在每個人都有能力分享資訊，並影響成千上萬、甚至數百萬人。如果我們的集體自我意識出現偏差，後果可能會波及整個社會。

試想在社群媒體分享假新聞時，後設認知可能扮演的角色。如果我看到一篇讚美我支持政黨的新聞報導，我很可能不太會思考報導是否真實，也比較可能漫不經心地轉發出去。在我社群網路中的其他人如果看了我的貼文，可能會（錯誤地）推斷我在社群媒體上通常是可靠的消息來源，因此不必費心檢查消息來源的準確性（這是讀心失敗的例子）。最後，因為每個人的後設認知特性自然存在差異，有些人本來就比較不會質疑自己對於某個主題的知識是否正確，並比較可能發展出極端或不正確的信念。原本小小的後設認知盲點，可能會像滾雪球一般迅速擴大，變成無意識分享不良資訊的行為。[15]

為了直接測驗後設認知在人們對社會議題的信念中扮演什麼角色，我們設計了一個後設認知任務，由受試者在網路上完成，並要求受試者填寫有關他們政治觀點的一系列問題。我們從問卷得到的資料中汲取出一組數字，這組數字能告訴我們受試者在政治光譜上所處的位置（從自由派到保守派），還有他們對於這些觀點的死忠程度。例如，死忠者傾向對「我的觀點是正確的，而且經得起時間考驗」之類的陳述表示強烈同意。不同政治觀點的死忠情況都各不相同。即使一個人的政治觀點相對中立，也有可能是某個教條的死忠者。但是，政治光譜的左右兩側都有最極端的死忠者。

在兩組超過四百人的樣本中，我們發現最能預測死忠政治觀點（堅決相信只有我是對的，其他人都錯）的，就是對於簡單知覺決策缺乏後設認知敏感度。教條主義並不會讓你的任務表現變糟，但會讓你在選擇兩個框框中哪個包含較多圓點時，比較不知道自己是對是錯。後設認知缺乏也能預測人們忽略新資訊並拒絕改變心意的程度，特別是在接收到表示他們原先判斷錯誤的資訊時。我必須強調，這種關係並不限於某種特定的政治觀點。死忠的共和黨人和死忠的民主黨人都有可能表現出不良的後設認知。缺乏自我覺察的人較有可能對各種政治議題抱持死忠的看法。[16]

在後續的研究中，我們想更進一步詢問後設認知中的細微扭曲是否也會影響人們一開始尋找資訊的決定。正如我們在小珍為考試唸書的例子中所看到的，如果我們的後設認知能力很差，可能會在不瞭解某個課題時覺得自己瞭解了，並提早結束唸書。我們想知道，人們在決定是否要尋找有關政治和氣候變遷等議題的新資訊時，是否會歷經類似的過程。為了回答這個問題，我們對實驗做了一些調整：我們在受試者不確定正確答案時，會問他們是否要再看一次刺激。這樣做會從他們的實驗收入中扣除少許金額，但我們也確保這個成本將會被答對獲得的分數所彌補。我們發現，平均而言，人們在信心不足時更常決定查看新資訊，這證實了後設認知和資訊尋求之間存在緊密關係。而對政治議題抱持死忠觀點的人比較不會尋求新的資訊，若他們決定尋求新資訊，也與信心較不相關。[17]

這些結果顯示，不良後設認知的影響可能相當普遍。我們可以透過蒐集簡單算點任務的信心評級，量化受試者的後設認知能力，將其與經常伴隨有關政治等爭議議題的決定的各種情感或社會影響區分開來。而且我們到目前為止的所有研究都顯示，不良的後設認知比任何傳統政治學的預測指標（如性別、教育程度或年齡）都更能預測人們是否會持有極端信念。

這並不代表特定因素不會影響人們對自己信念的思考和評估。某些知識領域可能特別容易受到後設認知盲點的影響。氣候科學家海倫・費雪（Helen Fischer）將德國民眾對於各種科學議題（包括氣候變遷）的自我意識量化。受試者必須閱讀各種陳述，例如「父親的基因決定嬰兒是男是女」、「抗生素除了能殺死病毒，也能殺死細菌」，以及「兩百五十年來，大氣中二氧化碳的濃度增加了百分之三十」——接著研究人員詢問他們，這些陳述是否有科學根據（這三題的正確答案是「是」、「否」、「是」）。受試者也必須對自己的回答進行信心評分，以量化他們的後設認知。

人們對於一般科學知識的後設認知通常很好，即使是他們答錯的題目，他們也會知道自己很可能是錯的，因此對自己的回答信心低落。但是，即使在控制答案準確度差異的情況下，受試者對於氣候變遷的知識表現出明顯較差的後設認知。不難看出，這種扭曲的後設認知是怎麼促使人們在社群媒體上分享不正確的資訊，造成社群網路中假新聞的氾濫。[18]

社會上的許多衝突都源自對於文化、政治和宗教的基礎議題的分歧。有人確信自己是對的，別人是錯的時候，這些衝突就會變得更加劇烈。相較之下，心理學家所謂的智性謙卑（承認自己有可能是錯的，並願意接受修正資訊）有助於我們消除這些衝突，並彌合意識形態上的鴻溝。自我覺察是智性謙卑的關鍵推動力，自我覺察正常運作時，可以對我們的世界觀進行重要的檢查。[19]

值得慶幸的是，我們即將看到，有多種方法可以培養自我覺察，並讓我們在體制和工作場所中推廣自我覺察。藉由瞭解影響後設認知能力的因素，我們就可以利用自我覺察的力量，避免落入後設認知失能的圈套。

舉例來說，團隊成員定期進行社交互動，就能直覺地使用讀心和後設認知來適應彼此的溝通方式，避免在壓力下產生後設認知有所落差的情形。對於高風險決策（例如是否接受新的法律訴訟案或進行重大商業交易），提交個人的信心估計數據可以提高小組預測的準確性。我們可以重新設計科學交流或審問目擊證人的過程，鼓勵健康的懷疑態度，就像紐澤西州對陪審員的指示。位居領導地位的人（從律師、教授到足球裁判）都能認知到信心並非總是能力的指標，並確保讓所有人的聲音（而非只是最大的聲音）都能被聽到。成功的商業人士——從達利歐到貝佐斯——都知道這一點，具有創新精神的律師和科學家也是。[20]

更廣泛地說，集體自我覺察允許體制和團隊進行變革和創新，擁有對未來的自主權，而不是不動腦筋地在目前的道路上一味前進。在下一章中我們會看到，在個人的層級上也是如此。

第九章
解釋自我

自我監控的能力，讓大腦的反應模式有辦法接受另一輪（或兩輪、三輪或七輪）的模式識別，使心靈具有突破性的能力。

——丹尼爾．丹尼特，《從細菌到巴哈，再從巴哈到細菌》（From Bacteria to Bach and Back）

我們開始學習一項新技能（例如打網球或開車）時，常常會清楚意識到我們的動作，以及出錯的可能原因。後設認知能告訴我們失敗的可能原因，因此在這種早期階段非常有用。後設認知能幫助我們瞭解為什麼會把球打出界，據此調整揮拍姿勢，讓我們下次擊球更準確。我們若能針對自己的表現建立模型，而不只是意識到錯誤並盲目嘗試其他方法，就能知道為什麼自己會失敗，並瞭解過程中哪一部分需要修正。當技能熟練後，這種自我覺察會變得有點多餘，於是自我覺察經常會處於離線狀態。跟剛學開車的時候相比，我們在坐上汽車準備去上班時，心裡通常不會想著要怎麼開車。[1]

心理學家席安・貝洛克（Sian Beilock）對專業高爾夫球員進行的指標性研究，目的就是量化技能與自我覺察之間的關係。她招募了四十八名大學生，其中有些是高爾夫球明星，有些則是新手。她要求每位學生對室內果嶺上標記的目標做一系列「簡單」的一點五公尺推桿。不出所料，高爾夫球隊成員展現出高超的推桿能力，但他們在解釋每次推桿中的步驟時也比較簡略，貝洛克將這種現象稱為「專長致忘」（expertise-induced amnesia）。就他們好像啟動了自動駕駛裝置，沒辦法解釋自己剛才所做的事。但要求這些專業球員使用新手球桿（具有S形彎頭和配重）時，他們就會開始注意自己的表現，並像新手一樣詳細描述了自己的行為。

貝洛克認為，對表現的關注能在學習早期階段讓新手獲益，但隨著動作越來越熟練、固定，過度關注表現反而會產生反效果。她的發現符合以下觀點：要求專業高爾夫球員在推桿時聆聽錄音機發出的嗶嗶聲，不要注意自己的動作，反而能讓他們的推桿更精準。而在壓力下表現失常，可能就是「駕駛者」過度干涉「自動駕駛裝置」所造成的結果。[2]

這也能解釋了為什麼最優秀的運動員不一定會是最好的教練。要教導別人怎麼揮桿，你必須有辦法解釋自己是怎麼揮桿的。但是，如果你已經是高爾夫球高手，很可能早已失去了自己如何揮桿的知識。選手和粉絲經常希望得過冠軍的選手來執教，因為他們覺得，得過冠軍、有勝戰經驗的選手有辦法將自己的知識傳遞給其他人。但綜觀體育界的歷史，明星運動員轉型教練失敗的案例比比皆是。

我家鄉的足球隊曼徹斯特聯隊（Manchester United）有兩任總教練命運大不相同，可以幫助說明這一點。一九九〇年代，蓋瑞・奈維爾（Gary Neville）是知名的「曼聯九二班」成員，這是曼聯史上最功績彪炳的球員陣容之一。但當他轉型為教練，執教西班牙名隊瓦倫西亞隊（Valencia CF）時就沒有那麼風光了。在他執教的短暫期間，瓦倫西亞隊對上勁敵巴塞隆納隊的戰績是零比七，還被踢出歐洲冠軍聯賽，並在國內聯賽面臨降級命運。相較之下，荷西．穆里尼奧（José Mourinho）在葡萄牙聯賽的出賽紀錄不到一百場。但是他鑽研運動科學、在學校教書，並在教練體系一步步往上爬，最終成為了世界上數一數二成功的總教練，曾贏得葡萄牙、英格蘭、義大利和西班牙聯賽的冠軍，並在二〇一六年短暫擔任曼聯的總教練（雖然成績較不如以往）。運動科學家史蒂芬．萊恩（Steven Rynne）和克里斯．庫西恩（Chris Cushion）指出：「不具備選手經歷的教練，才有辦法發展出冠軍選手因為專注於提升表現而無瑕發展的執教技能。」也就是說，當你專注於成為世界頂尖的選手時，教導、執教他人所需的自我意識可能會受到負面影響。[3]

在最極端的例子中，如果一項技能不是透過指導，而是透過不斷的練習獲得，那麼指導很可能沒有效率，甚至是不可能辦到的。普遍缺乏後設認知知識最特異的一個例子，出現在辨識雛雞性別這件事上。為了大量生產雞蛋，雞農必須儘早找出小母雞，以免將資源浪費在沒有生產力的公雞身上。問題在於，羽毛顏色等區分性別的特徵，要在雛雞五到六週大時才會出現。過去認為在這之前無法準確區分小雞性別。

然而這一切都在一九二〇年代改變了，當時的日本雞農發現，可以透過試誤學習法傳授，很早就辨別出小雞的性別。他們開立了全日雛雞性別區分學校，提供兩年課程，訓練學生注意很難察覺的解剖學（洩殖腔）差異，讓日本成為分辨雛雞性別的專業大國。日本的性別區分人員在美國大受歡迎，一九三五年，一名日本來賓在一小時內區分了一千四百隻雛雞的性別，準確率高達百分之九十八，讓美國農學生讚歎不已。

新手會從猜測開始，而專業的性別區分人員可以根據洩殖腔模式的細微差異，以肉眼區分雛雞的性別。雖然雛雞性別區分人員的這項技能近乎完美，但他們的後設認知普遍很差。認知科學家理查・霍西（Richard Horsey）解釋道：「如果你去問專業的雛雞性別區分人員，他們會回答，很多時候他們都不知道自己是怎麼做出決定的。」想要學習怎麼分辨小雞性別，學徒必須藉由觀察大師來學習，一步步學習區分雛雞的各種跡象。世上最高明的雛雞性別區分人員就像從來沒有當上教練的明星足球員，他們能繳出最高水準的表現，卻無法教導他人如何辦到。[4]

還有一種無法解釋的技能，是一種稱為盲視（blindsight）的奇特神經系統疾病。一九一七年，英國軍醫喬治・瑞多奇（George Riddoch）首次發現這種疾病，當時他負責診斷頭部遭受槍傷的士兵。大腦枕葉受損的士兵出現皮質性眼盲（cortical blindness）的症狀，的眼睛仍然正常運作，但是視覺系統接收來自眼睛資訊的部位受到損害。瑞多奇仔細檢驗後發現，某些患者有辦法在原本以為「眼盲」的視野中偵測到移動的物體。也就是說，部分殘存的處理能力保留了下來，但是缺乏意識。

牛津大學心理學家勞倫斯・韋斯克蘭茨（Lawrence Weiskrantz）延續瑞多奇的研究，在位於倫敦市中心的國家神經病學醫院（National Hospital for Neurology）深入研究一位代號D的患者。國家神經病學醫院是一座宏偉的紅磚建築，就在我們倫敦大學院實驗室的對面。D右側的枕葉皮質已在腦瘤手術中切除，因此他對於空間左側具有皮質性眼盲的症狀。但當韋斯克蘭茨要D猜測視覺刺激出現在位置A還是位置B時，他答對的機率超出偶然答對的機率。他的大腦接收到了某些資訊，使他有辦法做出正確的猜測。D無法解釋自己為什麼能有這麼好的表現，也不知道自己能接收到任何視覺資訊。他感覺自己什麼也沒看到。使用現代解剖描繪技術的最新研究顯示，會有盲視的現象是因為眼睛接收到的資訊透過在腦幹中平行、在演化上較古老的路徑傳遞。這條路徑似乎不需要皮層參與也能做出有關簡單刺激的決策。[5]

乍看之下盲視似乎是一種視覺疾病，畢竟其成因是大腦後端的視覺皮質受損。而且盲視患者確實感覺自己瞎了，他們無法有意識地體驗到進入眼中的視覺資訊。然而，盲視有一個特性，就是缺乏可解釋性，自我覺察的正常機制無法取得「用來猜測視覺刺激」的資訊。因此，盲視患者對自己視覺判斷的後設認知通常很低落，甚或不存在。[6]

這些研究告訴我們兩件事。首先，它們鞏固了自我覺察在教導他人時扮演關鍵角色的觀點。如果我不曉得自己表現得如何，就不會是個好教練。此外，這些研究也強調，後設認知是我們解釋自己行為和原因的基礎。在本章接下來的篇幅中，我們將專注探討自我覺察這種微妙而基礎的角色，它能建構有關我們行為的敘事，並藉此為自主性和責任的社會觀念提供根基。

解譯器

假設你在星期六早上到超級市場購物。一條走道有個面帶笑容的店員正在舉辦果醬試吃，店員用塑膠湯匙讓你試吃了兩種果醬，然後問你比較喜歡哪一種。你想了一想，然後指著左邊那罐口味有點像葡萄柚的果醬。店員讓你再吃一口你選擇的果醬，並要你解釋喜歡的原因。你的回答是因為水果味和甜度很平均。正當你要離開試吃攤的時候，店員把你叫住並解釋，這不是一般的促銷活動，而是現場心理學實驗，只要你同意，你的資料就會在研究中進行分析。她解釋，她要求你解釋喜歡原因時所給你的第二匙果醬，其實被掉包了，是一種你沒有選的果醬。研究中很多人和你一樣，被測試時不假思索地就回答了，熱情地解說明自己為什麼喜歡當初「沒有」選擇的果醬，一百八十名參與者中大約只有三分之一的人發現果醬遭到掉包。[7]

這是瑞典隆德大學（Lund University）的拉爾斯・霍爾（Lars Hall）、彼特・約翰森（Petter Johansson）等人的研究。雖然選擇果醬感覺只是微不足道的小事，他們研究得到的結果，也常出現在其他情境之中：從判斷臉孔的吸引力，到說明政治立場。即使一個人在政治調查中明確表示支持環保政策，只要告訴他，其實他自己在幾分鐘前曾提出了相反的觀點，就能使他做出一連串自相矛盾的自我辯護。這種現象稱為「選擇盲視」（choice blindness）：[8]我們經常會建構一套敘事解釋自己的選擇，即使這個選擇是部分或全部虛構也是一樣。

而那些負責「描述有關我們行動的敘事」的神經機制，甚至能夠被我們加以調整。在嚴重癲癇的病例中，有時候會進行一種罕見的外科手術，切開大腦兩個半球之間的大型連接束（稱為胼胝體），將兩個半球分開來。驚人的是，儘管這些所謂的裂腦患者的大腦被切成兩半，絕大多數的情況下手術都是成功的——癲癇擴散到整個大腦的機率降低了——而且他們在術後醒來也沒有感到明顯的不同。但精密的實驗室試驗能揭露一些奇特的裂腦症狀。

一九六〇年代，麥可・葛詹尼加（Michael Gazzaniga）和羅傑・史派瑞（Roger

Sperry）開始了對裂腦症候群的研究。葛詹尼加利用眼睛與大腦之間的連結方式（我們視野的左半部由右腦接收，右半部由左腦接收）設計了一項測驗。完好的大腦會將左腦接收到的資訊透過胼胝體快速傳送到右腦，反之亦然（所謂左腦思考或右腦思考是種迷思，部分原因在此）。但對裂腦病患來說，刺激有可能會停留在其中一個大腦半球。刺激停留在其中一個大腦半球時會發生非常奇特的現象。因為多數人的語言能力仰賴左腦的神經機制，因此，在空間左側閃爍刺激時（由右腦處理），患者會否認有看到任何東西。但是，因為左手由右腦控制，所以患者依然可以藉由畫圖或按按鈕來表達他看到的訊息。這會導致一些很奇怪的現象。舉例來說，對一名患者的右腦傳達「走路」的指令時，他馬上起身離開了房間。當研究人員問他為什麼起身離開，他的回答是：因為想要喝東西。看來，左腦接下了釐清病患行為的任務，但無法得知真正的原因，因為真正的原因停留在右腦。葛詹尼加根據這類資料，將左半球稱為「解譯器」。[9]

自我敘事或有關我們行為的評論，與參與後設認知的神經機制，兩者有密切的關聯——特別是我們在第三章中看到的，參與反思和自傳式記憶的皮質中線結構。事實上，敘事（narrative）這個詞源自拉丁文narrare（述說），而這個拉丁單字又源自古印歐語中的gnarus（知道）。建構自我敘事與建構自我知識有許多共同之處。額葉受損的患者（也就是我們在第四章中看到具有後設認知問題的患者）也經常表現出奇怪的自我敘事形式，會編造關於他們住院原因的故事。一位前交通動脈（通過額葉）受傷的患者自信滿滿地表示，他只是暫時穿著醫院睡衣，很快就會換上工作服。對這種胡言亂語的一種理解方式是，它們會出現是因為病患對記憶產物的自我監控機制受損，因此難以區分現實與想像。[10]

這些敘事錯覺甚至可能滲透到我們對自身行動的掌控感。二〇一六年十月，全國電梯產業公司（National Elevator Industry, Inc）這家美國公司的執行董事凱倫・潘納菲爾（Karen Penafiel），因為聲稱多數電梯中的「關門」功能已經多年無法使用，而引起了一陣風波。一九九〇年代初期制訂的法律要求，電梯開門時間必須夠長，足以讓拄拐杖或坐輪椅的人都能搭上電梯，從此以後，電梯門就設定為固定的速度，不能更快。這不算什麼大新聞（除了，我們一直以為電梯的關門鈕是有作用的）。英國《太陽報》以聳動的標題寫道：「電梯『關門』鈕竟全是假的？」我們覺得自己有辦法讓門關閉，但其實沒有。我們的掌控感與現實背道而馳。哈佛大學的心理學家丹尼爾·韋格納（Daniel Wegner）是這麼解釋這個現象的：

> 有意識地採取行動的感覺……並無法確實反映可由科學驗證的意志力。這種感覺是一種心理系統產生的結果，我們透過該系統推估心靈在我們的行為中扮演什麼角色。換句話說，如果將「經驗上」的意志比擬為汽車引擎對車速的影響，那麼「現象上」的意志就是時速表上的讀數。而我們都至少曾一度想跟警察解釋，時速表上的讀數可能是錯誤的。[11]

韋格納和塔莉亞·惠特利（Thalia Wheatley）為了找出這種掌控感錯覺的來源，設計了一項巧妙的實驗。他們讓兩個人坐在一臺電腦螢幕前，電腦螢幕上顯示許多小物體（例如玩具恐龍或玩具車）。兩個人必須把手同時放在一張黏在普通滑鼠上的板子上，這讓他們能一起移動滑鼠游標。受試者戴著耳機聽不同的音檔，持續移動螢幕上的滑鼠游標。他們得到的指示是在聽到音樂時停止移動游標（概念類似大風吹）。接著，他們針對自己讓游標停止握有多少掌控權進行評分。

受試者有所不知的是，實驗其實暗藏玄機。兩名受試者中，有一名其實是聽從實驗人員指示行事的同夥。在測驗過程中，這名同夥會得到指示，讓游標接近某個物體、慢下來，或者停止。同時，真正的受試者從耳機聽到的，是有關游標正好在接近的物體的詞語（例如，實驗人員的同夥接獲指示要將游標移向天鵝時，受試者會聽到「天鵝」一詞）。驚人的是，這些測驗中的受試者經常感覺自己對讓游標停止握有掌控權，如果是剛才聽到的物體，他們的掌控感會更強。換句話說，光是想像一個目標，就能讓我們感覺自己有辦法達成，即便這只是錯覺。

其他的實驗顯示，行動快速、流暢，或者行動結果較容易預測時（例如按按鈕後一定會發出嗶聲），人們會覺得自己比較有掌控權。就跟電梯的例子一樣：因為按下「關門」鈕後，電梯門通常很快就會關上，因此我們會覺得自己有辦法控制電梯門的開關。[12]

建構自主性

葛詹尼加的實驗顯示左腦（而非右腦）扮演著解譯器的角色，除此之外，語言也對自我敘事有重大影響。我們從小就會對自己說話，從一開始自言自語，到後來在腦中和自己對話。不管有沒有說出來，語言都提供了豐富的思想工具，讓我們得以形成遞迴性的信念（舉例來說：我覺得我快生病了，但也可能是因為工作而感到壓力）。語言的遞迴性質能促進後設認知能力，讓我們有辦法隨時產生有關自身的新想法。[13]

但是這種安排有一個問題。這代表，我們想像中自己會做的事（自我敘事）有可能會慢慢與我們實際上做的事（我們的行為）脫節。即使不是裂腦患者，也可能建立與現實有些許不符的敘事。舉例來說，我可能想要早起寫作、進實驗室進行突破性的研究，然後回家與兒子玩耍、和老婆共進晚餐，然後週末去划船。這樣的敘事很吸引人。但在現實中，我有時會睡過頭、花一整天回覆電子郵件，到了晚上因為想做的事都沒做而悶悶不樂，只好利用整個週末寫作。如此這般。

我們可以用另一種方式理解這一點：敘事（即使部分建立在胡說八道之上）必須合理，才有辦法符合我們的生活。我們無法堅守與現實脫節太嚴重的自我敘事。如果我認為自己是奧運等級的帆船選手，就必須建立一套更廣泛的（錯誤）信念，解釋我為什麼沒被選進奧運代表隊（例如他們還沒發現我這個人才），或為什麼我連在本地的俱樂部都無法贏得比賽（是船的問題）。這就是思覺失調症患者經常出現的妄想。但只要敘事與事實大致相符，我們就能使用敘事來描繪自己的願望、希望和夢想。[14]

我們有關行為和行事理由的高層次敘事，甚至能提供自主性和責任觀念的基礎。哲學家哈里．法蘭克福（Harry Frankfurt）認為，人類的慾望至少分為兩個層次。關於自身偏好的自我知識屬於較高層次的慾望，可能符合或違背第一層次的動機，這類似我們在第七章所看到，有關價值決策的信心的概念。法蘭克福指出，第二層次和第一層次的慾望相符時，我們能感受到較高的自主性和自由意志。他以想要戒毒的人為例：這些人並不想要吸食毒品，所以他們的高層次慾望（想要戒毒）與低層次慾望（想要吸毒）互相衝突。我們在直覺上會同情這種人，認為他們飽受自身的折磨，可能也會覺得相較於對自己吸毒習慣津津樂道的人，這些人吸毒並非出於他們的自由意志。[15]

第二層次和第一層次的慾望大致相符時——也就是當我們的敘事正確無誤時——我們就能愛己所擇，擇己所愛。關於願望和慾望的有效後設認知能讓我們採取行動，確保兩種層次的慾望相符。舉例來說，在寫作本章時我好幾度想要查看推特，但瀏覽器的阻擋軟體阻止了我，讓我得以保持專心。我較高層次的慾望是把書寫完，但我發現，我較低層次的慾望（查看社群媒體）與此互相衝突。因此，我可以預測自己可能打開推特，並據此採取預防措施（安裝阻擋軟體），確保我的行為符合較高層次的慾望——確保我的選擇是自己想要的。[16]

結論就是，自我知識和自主性之間存在著緊密連結。正如艾爾・彼坦帕里（Al Pittampalli）對其著作《接受說服的勇氣》（Persuadable）的總結：「課題在於：經過最高層次的反思，做出符合興趣和價值的選擇，而不顧慮外界的影響和規範，這才是自決真正的樣貌。這就是所謂的自主性。」[17]將自主性的概念定義為高層次與低層次慾望彼此相符，似乎太過玄虛、哲學。但是這樣的定義能有深遠的影響。首先，這表示我們對自己人生的掌控感是建構出來的，是一種在後設認知層級根據多種來源建立起來的敘事。再來，這也表示後設認知能力可能對決定我們是否該為自己的行為負責很重要。

刑法這種嚴肅看待、並清楚定義責任概念的領域，可以幫助我們瞭解自我意識與自主性之間的緊密連結。犯罪意圖（mens rea，guilty mind）的概念是西方法律制度的一個中心宗旨。美國在一九六〇年代制訂的《模範刑法典》（Model Penal Code，MPC），對犯罪意圖的定義進行了某種程度的標準化，以簡化這個複雜的法律概念。《模範刑法典》定義出四種級別的罪責：

- 意欲──行為人之「有意識的目的」是要從事某種性質的行為。
- 明知──行為人「覺察到」自己的行為會造成某種結果。
- 輕率──行為人「有意識地忽略」重大或不合理的風險。
- 疏忽──行為人「應該要覺察到」重大或不合理的風險。

我以刮號標示與自我覺察有關的詞語——驚人的是，這類詞語出現在所有定義當中。顯然，我們對自己行為有多少意識，對法律上責任和罪責的觀念非常重要。如果我們對自己的行為沒有覺察或意識，即使犯下了最嚴重的罪行，也有可能免責，或只是被判定有過失。

有一個夜驚症患者的案例提供了一個悲劇性的例子。二〇〇八年夏天，布萊恩·湯瑪斯（Brian Thomas）與老婆到威爾斯西部的亞伯朴斯（Aberporth）度假，有天晚上他做了一個栩栩如生的惡夢。他記得自己在夢中抵抗一個入侵他們露營車的人，有可能是在外頭催摩托車油門、打擾他睡覺的一個年輕人。但在現實中，他正在緩緩地把老婆掐死。醒來後，他馬上進入了一個活生生的惡夢。他報警求救，告訴接線生他嚇到了，而且完全沒有意識到自己做了什麼事。

睡夢中的犯罪很少見，這對犯罪者和整體社會來說都值得慶幸。但這類驚人的案例顯示人們在無意識的情況下依然有可能做出複雜的行為。在布萊恩·湯瑪斯的案子中，專家證人確認他患有一種稱為夜驚症（pavor nocturnus）的睡眠疾病，大約百分之一的成人和百分之六的兒童患有這種疾病。法院判定他的睡眠疾病構成「無意識行為」（automatism），這在英國法律之下不構成最低程度的犯罪意圖。在簡短的審判後，檢方就撤銷了起訴。[18]

自我覺察在西方法律系統扮演關鍵角色，這似乎是明智的安排。畢竟，我們已經看到建構有關自身行為的敘事對個人自主性有多重要。但這也帶來了一個難題。後設認知很脆弱、容易受錯覺影響，而且會受他人影響而誤入歧途。如果掌控感是未經深思熟慮建構出來的，我們要怎麼要求他人為任何事情負責呢？後設認知具有監控和解釋行為的功能，但不是完美無缺，並在傳達我們對自身行為的責任方面扮演關鍵角色，要怎麼調和這兩者之間的緊張關係呢？

我認為這個問題有兩個解答。第一個解答是，其實我們不需要擔心，因為對多數目的而言，我們對行動的掌控感都夠準確。回想一下你上一次在犯錯後說「對不起，我剛才沒在思考」的時候。我想你的家人或朋友應該都相信你的話，而不是憤怒地反駁：「你怎麼會知道自己沒在思考？真正的反思只是心靈虛構的產物！」而且在大多數情況下，他們會選擇相信你的自我知識是正確的。如果你因為「沒在思考」而忘記和朋友的午餐約定，他人就能知道你並不是刻意爽約，並相信你下次會改進。後設認知在許多（甚至是大多數）情況下都能順暢地運作，而我們確實可以精準地瞭解自己在做什麼，以及原因為何。大腦光是能辦到這件事就值得我們讚嘆。

第二個解答是，只有在認同自我覺察是責任的有效指標的社會，自我覺察才真的會是責任的有效指標。我們對自主性的觀念和法律系統一樣，是經由社會交流形成的。這麼說來責任其實就像貨幣，貨幣之所以具有價值，是因為社會上的人集體同意它們具有價值。同樣地，如果我們集體同意自我覺察是某種決策模式的有效指標，自我覺察就會對我們的自主性觀念有重要影響。

此外，自主性和責任跟貨幣一樣，都是人類心智創造的產物，取決於我們建立有關自身和他人的敘事的能力。在意識到責任是人為建構的同時，我們依然可以像使用貨幣一樣使用責任的概念。

自我覺察和責任之間的緊密連結有更深一層的含義，那就是當自我覺察變薄弱時，責任也會變得模糊。這樣的問題在逐漸高齡化的社會中變得越來越緊迫，因為失智症等疾病會攻擊大腦裡自我覺察的神經基礎。面對這類病例，西方民主國家在維護個人自主性與提供憐憫支援之間力求平衡。近來制訂的法律，例如英國的《心智能力法》（Mental Capacity Act），規定民眾因為精神或神經疾病而無法自行做決策時，國家應該在何時介入他們的個人事務。而其他提議，例如聯合國《身心障礙者權利公約》，則主張應不惜一切代價維護自由。這項爭論的核心是對於自主性觀念的分歧：在什麼情況下，我們的家人、朋友或政府應該介入，替我們做決定？[19]

這個領域的法律十分複雜，然而經常在法律能力案件中提及的因素，就是病患缺乏病識感或自我覺察。這代表自我覺察的系統性變化有可能會影響我們繼續建構敘事，以及主導自己生活的能力。這種變化也許會比我們想像中要來得廣泛，並以新科技、藥物或社會結構的形式出現。本書的最後兩章將探討人類自我覺察的未來，從開始與智慧機器進行協調合作的需求，到科技幫助我們進一步認識自己的可能性。

第十章

人工智慧時代的自我覺察

科技的進步使得人類與機器之間產生更緊密的結合。肚子餓了，美食網站能推薦不錯的餐廳供我們選擇；開車時，GPS 能指引方向。汽車的電子儀器可以執行低層次的控制。我們早已是半機器人了。

——佩德羅．多明戈斯（Pedro Domingos），《大演算》（The Master Algorithm）

就資訊與電腦理論完全客觀的觀點而言，動態系統的所有科學知識都瞭解自身與機器相似的一面。儘管如此，還是常有人問：機器有辦法知道自己是機器嗎？機器有沒有內在的自我意識呢？

——W．羅斯．艾許比（W. Ross Ashby），《智慧的機制》（Mechanisms of Intelligence）

二〇〇九年六月，一架法國航空班機在從里約熱內盧前往巴黎的途中消失在大西洋的上空。三位機師駕駛一架空中巴士A330飛機——這是當時世上最先進的飛機之一，配備自動駕駛與各種安全機制，墜機的可能性極低。夜幕在他們橫越海洋時低垂，此時，機師注意到飛行路徑有暴風雨發生。對現代大型客機而言，暴風雨很容易應付。但在那天，雲層中的結冰造成飛機的一個感測器停止運作，使得自動駕駛中斷，機師們必須手動駕駛飛機。較不熟練的副駕駛皮耶・西德利・波寧（Pierre-Cédric Bonin）試圖手動操縱飛機，但他的操縱不穩定，並且讓飛機逐漸攀升。稀薄的空氣讓飛機停滯在半空中，然後開始下墜。

即使到了這個地步，依然沒什麼危險。機師們只要讓機身恢復水平和空速就能解決問題。這是新手機師在飛行課程的前幾個小時就會學到的基本駕駛技術。但是波寧持續攀升，最後造成災難。調查報告寫道，雖然機師們在A330的駕駛艙待了許多時數，大部分的時間他們都在監控自動駕駛的狀況，而不是手動駕駛飛機。他們不願意相信自動化機制會讓他們犯下導致災難的一連串失誤。

這樁悲劇的寓意是：有時候，將控制權交給自動化機制會造成危險。我們已經看到，像是高爾夫球揮桿這樣的技術，在熟練後將會自動化，讓我們不需要思考該怎麼做，思考本身甚至還會對表現有負面影響。前述這種類型的自動化，發生的地點是在我們的大腦裡。當事情出錯的時候（像是把球打偏、汽車打錯檔），我們的意識馬上就會醒過來，察覺自己犯了錯。但當機器掌握控制權時，情況就大不相同了。矛盾的是，自動化機制越是複雜，人類操作者的重要性就越低。於是人們便宜行事，技術可能因此退步。

自古以來就有人擔憂「科技擁有控制權」這件事。蘇格拉底說過一個有關圖特（Theuth）的故事，圖特是傳說中發明書寫的埃及神祇。圖特將書寫技術作為禮物獻給埃及國王塔穆斯（Thamus）時，塔穆斯並不高興，還擔心這種技術會導致人類記憶力的衰退，讓健忘像流行病一樣傳染。他抱怨，認為懂得書寫的人「會在表面上無所不知，但事實上一無所知。與他們相處會很無趣，因為他們空有智慧的外殼，而缺乏實際內涵。[1]」

幸好，塔穆斯對於書寫和閱讀的擔憂並沒有成真。但是ＡＩ和機器學習可能會不一樣。書寫、印刷，甚至電腦、網路或智慧型手機能使人類智慧突飛猛進，是因為它們都屬於透明系統，會遵照我們的要求行事：只要排好版，印刷機就會持續重複印刷出同一本書。用筆電寫作時，只要按下Enter鍵就能換行。但是機器學習與自動化的結合非常不同，其運作方式通常是不透明的，無法為人所知。除此之外，我們也不知道在明天、後天、大後天運作是否還會產生同樣的結果。我們可以說，機器學習系統擁有自己的心靈，但就目前而言，它們的心靈無法解釋自己解決某一個問題的方法。也就是說，人工自我意識的發展尚跟不上人工智慧的長足進展。

事實上，隨著科技越來越「智慧」，人類自我意識的重要性也可能逐漸降低。資料和機器學習之間的強大結合，可能會比我們自己更瞭解我們的需求。亞馬遜和Netflix的推薦系統能告訴我們該看什麼電影、約會演算法能為我們找到完美的對象、虛擬助手能在我們發覺自己需要剪頭髮前就做好預約，而線上私人購物專家能把連我們都不知道自己想要的衣服寄來給我們。

身處這樣的世界，作為人類消費者，我們可能不再需要知道自己是如何解決問題或做決定，因為這些工作都已經外包給ＡＩ助理了。最後我們可能只剩下與機器助理的微弱後設認知連結——而且這樣的連結過於薄弱，即使機器助理的行為偏離原本的設定，我們也無法介入，或者當我們意識到狀況有異時已經太遲而無法挽回了。機器不需要解釋自己解決問題或做決定的方式，因為它們本來就沒有這麼做的需求。仰賴科技的社會將智慧「外包」的行為，可能會使自我覺察逐漸消失。

有人可能會問：那又怎麼樣？激進的未來主義者可能將人類心靈與機器融合視為人類演化合理的下一階段，與科技的大幅進步相比，我們思考和感受方法的改變不過只是微小的代價而已。但我認為我們必須小心謹慎。我們在本書中看到，不管是有機還是矽製的心靈都需要某種程度的後設認知，才有辦法解決大規模的科學和政治問題。

我認為這個難題的解決方法分成兩個大方向：

• 試圖賦予機器自我覺察（但冒著在過程中失去自主性的風險）。
• 確保我們與未來智慧機器的互動方式能運用人類的自我覺察，而非使自我覺察減損。

我們分別看看這兩種可能性。

擁有自我覺察的機器

自從圖靈在一九三七年研發出第一臺通用電腦的藍圖之後，人類身為智慧心靈唯一擁有者的地位就越來越岌岌可危。現在，人工神經網路可以用超人般的速度辨識臉孔和物體、駕駛飛機或太空船、進行醫療和財務決策，也能精傳統上是人類智慧和創意所擅長的技藝，例如西洋棋和電腦遊戲等。機器學習的領域非常廣泛，而且發展快速，在此我不會詳細描述，但註釋中有幾本關於這個主題的最新優秀書籍。[2] 透過瞭解機器學習與我們在第一篇中看到的後設認知組成要素之間有何連結，我們能得出以下幾個關鍵原則。

首先，我們可以探究「為了讓機器人得以感知周遭環境，需要哪些元素」。接著，我們就能知道建立機器自我覺察，還需要哪些額外要素。在此，我暫且將本章敘述的機器人命名為小瓦，這是向機器人學家瓦倫蒂諾・布瑞騰堡（Valentino Braitenberg）致敬，他的名著《載體》（Vehicles）是本章的靈感來源之一。

小瓦的圖片如左所示，它是一輛玩具車，車頭裝了攝影機，輪子上有馬達。小瓦的車頭有兩盞燈：右邊藍燈，左邊綠燈。但就目前而言，小瓦不過是一臺攝影機。它有能運作的「眼睛」，但不具備心靈。要讓小瓦能看見這個世界，我們必須讓它擁有大腦。[3]

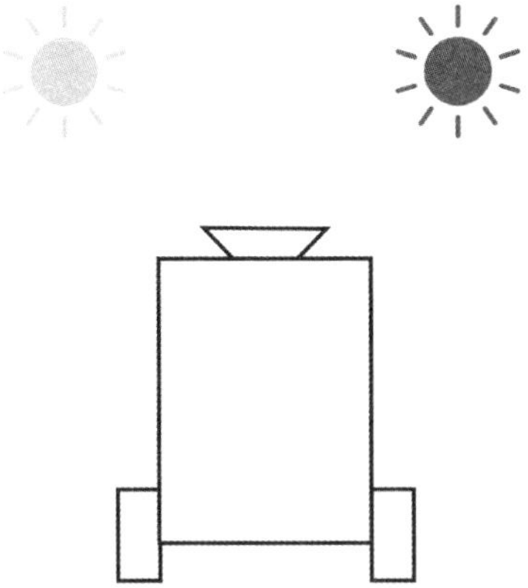
缺乏大腦的小瓦

所謂的人工神經網路是電腦軟體的一部分，能接收輸入（例如數位影像），並將資訊提供給一組模擬的「神經元」層。事實上，每個神經元做的事情很簡單，就是計算來自下層神經元輸入的加權總和，並透過非線性函數傳遞結果，以產生某種程度的「活化」。接著得到的值會傳遞到下一層，然後以此類推。神經網路最厲害的地方，就是連接各層次的權重經過試誤調整，可以開始對接收的輸入進行分類。舉例來說，將一連串的貓狗照片輸入神經網路，並要求它判斷照片中的動物是貓或狗，你可以告訴神經網路它是答對還是答錯。這就是所謂的監督學習（supervised learning）——由人類監督神經網路，協助它精通分類貓狗的任務。隨著時間過去，連接各層的權重經過調整，使神經網路在不受監督的情況下答對的機率提升。[4]

神經網路在人工智慧研究中已經有很長久的歷史，但是最早的神經網路太過簡單，無法做任何有用的運算。情況在一九八〇和一九九〇年代有了改變，當時出現了更強大的運算能力、更多資料，以及訓練神經網路的聰明方法。到了今天，人工神經網路能以超越人類的效率分類上千張影像。特別有效率的一種方式是使用深度網路，這種神經網路和人類大腦的視覺系統一樣具備多個層次。[5]

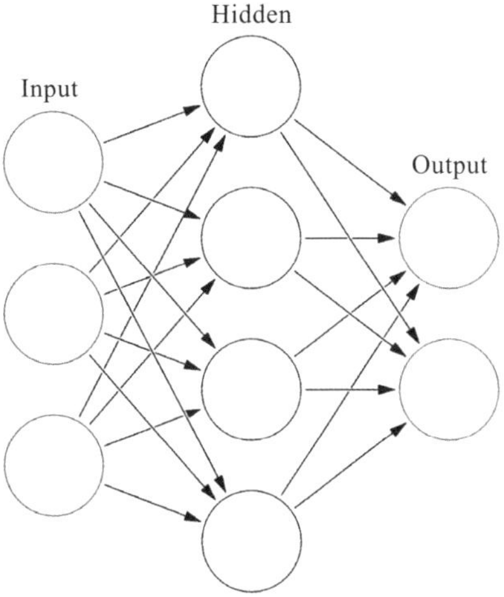

人工神經網路示意圖。
（*Glosser.ca*）

為了讓小瓦能感知世界，我們必須將它的數位攝影機所接受到的所有像素與深度神經網路的輸入層連結。我們可以輪流開啟它的藍燈和綠燈，訓練神經網路的輸出層分類燈號。藉由提供修正性的回饋（就像在指導學習各種事物名稱的嬰兒一樣），小瓦神經網路各層之間的權重會逐漸獲得調整，讓它有辦法持續正確地判斷藍燈和綠燈。

這種訓練有一種奇特的副作用。一旦神經網路學會分類環境的某個層面後，神經網路的某些部分會開始對類似的特徵產生反應。以小瓦的例子而言，在學會如何區分藍綠燈之後，它大腦中的某些神經元會對綠色較有反應，某些則對藍色較有反應。這種對外在世界有規律可循的反應稱為對環境的表徵（representation）。表徵是認知系統內「追蹤」外在世界的某個層面，或與之「相關」的事物，意義如同我們說一幅畫「代表」（represent）某個景色。廣泛而言，表徵在大腦進行運算時扮演重要角色。如果我的大腦中存在著家貓的表徵，我就能聯想到家貓與獅子有關係：兩者都屬於貓科動物。[6]

成功的人工影像分類神經網路具備與人類大腦相似的層次性組織，這很可能不是巧合。較低層次包含的神經元僅負責處理圖像中的小部分，並追蹤線條方向或光影差異之類的特徵。較高層次包含的神經元能處理整個影像，並解讀關於影像中物體的特徵（例如該物體是否包含貓或狗的典型特徵）。運算神經科學家發現這種進展順序——從運算局部特徵到解讀整體特性——也出現在人類和猴子大腦中的視覺腹流。[7]

這類結構只要規模夠大，就會非常強大。位於倫敦的科技公司 DeepMind 結合人工神經網路與強化學習，訓練出有辦法解決各種桌上遊戲和電腦遊戲的演算法，而且不必事先指導規則。二〇一六年三月，該公司的旗艦演算法 AlphaGo 擊敗了世界圍棋冠軍李世乭，他可是史上數一數二的棋士。圍棋玩家輪流在棋盤上十九乘十九條線的交叉點上下子，目標是包圍或提走對手的棋子。相較於西洋棋，圍棋可能的盤面千變萬化，比估計中宇宙的原子數量還要來得多。但是，藉由與自己對弈上百萬次，並根據輸贏更新對重要棋步的預測，AlphaGo 成功在圍棋這項古代中國文人的四藝之一當中達到超越人類的水準。[8]

這種類型的神經網路必須仰賴監督學習。它們藉由許多範例進行訓練，學習自己是正確還是錯誤。經過訓練後，它們會得到有關周遭環境的豐富表徵，並獎勵告訴它們珍貴資訊的函數。這種演算法非常強大、聰明，足智多謀，但它們的自我覺察能力（自己知道什麼、不知道什麼）很差。隨著機器智慧增加，不太可能出現「自我覺察也增加」這種副產品。如我們所看到的，能力好不一定代表後設認知能力好。你可能在某項工作的表現良好（想想雛雞性別區分人員），卻對自己的所作所為毫無自我覺察。因此，這種類型的ＡＩ可能會在特定領域變得越來越聰明，但仍然和簡易計算機一樣缺乏自我覺察。

我們可以思考，要讓機器擁有自我覺察需要哪些組成要素，以讓討論更精確。這些組成要素當中有許多我們已經在第一篇中看過，像是追蹤不確定性和監控自身行動的能力。機器通常不需要這類的二階能力——部分原因在於，在大多數問題很明確的情況下，它們並沒有具備這類能力的需求。現代心理學之父威廉・詹姆士（William James）預知了這一點，他認為若機器「具備鐘錶一般的精準結構，使其必須根據特定的速率運行」，就絕不可能犯錯，也不需要矯正錯誤了。他將機器與能毫不費力進行自我覺察的人類心靈相比：「如果一個人的大腦失靈，說出『二乘四等於二』而不是『二乘四等於八』，他馬上就會意識到錯誤。」[9]

詹姆士當時面對的機器比較單純，可以將錯誤視為例外情形，不必納入規則當中。但現在情況不一樣了。事實上，現代機器學習技術的一項大問題就是過於信賴現實世界：它們覺得自己知道答案，但其實更好的作法是分散風險。這會使得在新環境中操作ＡＩ時產生嚴重問題——舉例來說，自動駕駛車輛安裝的軟體可能會被以前沒遇過或不同的照明狀況誤導，因此導致車禍。[10]

另一個問題在於，神經網路在完成訓練之後，就很難知道自己行事背後的原因。如我們所看到的，現代的ＡＩ在設計時通常不以自我解釋為目標。哲學家安迪．克拉克與心理學家安妮特．卡米洛夫——史密斯（Annette Karmiloff-Smith）於其一九九三年的指標性論文中預測到了這個想法。他們指出，人工神經網路無法精確監控自己的行為，因為它們的知識仍然保留在系統「當中」連結各層次的權重裡。

他們以訓練人工神經網路預測人們是否會拖欠貸款為例（他們做研究時，還只能想像機器是否能做這種預測，但現在早已是各大銀行例行的機器學習了）。神經網路可以取用存有大量關於某國（例如英國）人民資訊（例如郵寄地址和收入等級）的資料庫，改良它對於誰有可能拖欠貸款的預測。克拉克與卡米洛夫——史密斯想知道的是，神經網路在學習完畢後是否有辦法將其所學，傳達給澳洲的銀行裡面新設的新神經網路？換句話說，它有沒有辦法知道自己學了什麼，並利用這項自我知識教導他人？

他們的結論是沒辦法：「要有辦法告訴澳洲系統有用的資訊，該系統需要的是更抽象、更可轉移的有關貸款檢驗重要因素的知識，原始的神經網路並不需要如此明確的抽象過程，因為它只發展出自己受訓執行的任務所需要的最少量表徵。」換句話說，克拉克與卡米洛夫——史密斯的意思是，神經網路即使具備充足的運算資源和資料，能解決複雜的問題，也不太可能對自己所知產生自我覺察。這些神經網路的知識埋藏在位於層次之間、模式不斷改變的權重當中——這些知識存在網路「當中」，而非網路所「擁有」。

他們接著提到，擁有自我覺察的心靈當中還會發生所謂的「表徵重述」（representational redescription）過程（至少某些類型的學習會發生），讓我們不只能感知並分辨物體是貓或狗，也能知道自己看貓是貓、看狗是狗。[11]

這一切聽起來非常抽象、理論，但其實建立後設表徵的過程其實相當簡單。既然我們已經有了可以從外在世界接收資訊、將資訊進行改變然後提供答案的神經網路，當然也能有可以記錄其他神經網路運作情形的後設認知網路。

尼可拉斯・楊（Nicholas Yeung）、強納森・科恩（Jonathan Cohen）和馬修・鮑維尼克（Matthew Botvinick）是最早嘗試建立人工後設認知的學者，他們二〇〇四年在《心理學評論》（Psychological Review）發表了一篇指標性的論文。他們訓練神經網路解決史楚普作業（說出看見文字的顏色，而非唸出文字本身），類似我們先前看到的打字實驗。然後，他們加入簡單的後設認知網路，監督第一個神經網路的行為。第二個網路其實非常單純，僅由單一神經元構成，接收來自主要神經網路的輸入資訊。它會計算兩種回應之間的「衝突」：如果文字和顏色會競爭對回應的控制權，就代表判斷很困難，而且可能發生錯誤，因此花多一點時間回答會是明智的選擇。僅僅增加一個層次就能獲得大量資料，模擬人類如何在執行簡單工作的時候偵測自身的錯誤。[12]

其他研究則是嘗試建立神經系統疾病的電腦模擬，像是後設認知受損，但低層次表現不受影響所造成的盲視。艾索．克里曼斯（Axel Cleeremans）的團隊企圖透過訓練人工神經網路區分不同的刺激區域來模擬這種現象。然後，他們建立第二個神經網路追蹤第一個網路的輸入和輸出。第二個網路受訓猜測第一個網路能不能答對。團隊透過人為破壞兩個網路之間的連結，在電腦模擬中仿造出盲視的效果。第一個網路依然有辦法選出正確的位置，但是系統的後設認知敏感度——也就是信心與表現之間的關聯——和盲視病患一樣徹底消失了。克里曼斯團隊的其他實驗檢視後設認知知識如何隨時間出現，他們發現電腦模擬的自我意識一開始會落後於任務執行，就好像系統本能地知道如何執行任務，但缺乏任何關於自己行為的意識。[13]

現在，研究人員發明了許多聰明的辦法，想要讓ＡＩ擁有自信，打造有辦法「反思」的機器人，讓它們有辦法在做決策之前（而非之後）就知道自己是對是錯。隨機失活（dropout）是一種有潛力的辦法，作法是運行同一網路的多個副本，每個副本的架構略有不同。副本所提供的預測範圍能有效告訴我們網路對其決策應該抱持多大的不確定性。這類演算法的另一個版本正在訓練自動無人機如何在擁擠的環境中自行移動——在曼哈頓街道和摩天大廈之間運作的送貨無人機就會需要這樣的能力。研究人員在無人機當中訓練第二個神經網路，偵測它們在測試中墜機的可能性。這些具備反思能力的無人機在濃密的森林中試飛時，有辦法迴避預測中會導致墜機的決策。當我們把這種結構加入機器當中，等於是我們把動物和人類嬰兒所擁有的後設認知組成要素，給予了機器。這並不代表這些無人機具有自我覺察[14]——但是有辦法準確地預測自己的錯誤，代表機器獲得了後設認知的關鍵組成要素。

除了矯正過度信心之外，讓機器具備後設認知能力可能還有其他好處。回想本書一開始所提到、正在為考試唸書的學生小珍。無論她讀的是什麼科目，小珍都可能利用過去經驗所累積的抽象知識來決定讀書的時間和地點。建立有關自身抽象知識的神經機制與建立有關一般事物運作方式所需的神經機制類似。舉例來說，出國時你可能不曉得要怎麼搭當地的捷運，但根據在其他都市的經驗，你預期當地的捷運會有類似的要素，像是售票機、車票和閘門。利用這類共通的知識能讓學習使用新的系統更輕鬆。安迪．克拉克和安妮特．卡米洛夫——史密斯認為，我們必須打造具備這種抽象化過程的神經網路，才能讓它們瞭解自己知道什麼、不知道什麼。[15]

有關自身的知識，其實是最抽象、最具移轉性的知識之一。畢竟，「我」是所有我必須學習的情境中的共同點。關於我的個性、技能和能力的信念，能幫助我釐清自己是否有辦法學會新語言、從事不熟悉的運動，或是輕鬆交到朋友。這類有關自身的抽象事實位居我們後設認知模型的最頂端，它們扮演形塑心靈其他部分的重要角色，因此對我們的生活方式有重大的影響。類似的抽象自我信念很可能有辦法引導自動機器人執行適合它們專長的工作——舉例來說，讓無人機明白自己應該負責遞送包裹，而不是去掃地。

讓我們想像一下身邊充滿具備後設認知機器的未來。自駕車會根據它們對接下來該做什麼有多少信心發出不同顏色的微光——例如，在充滿自信時發藍光，在不確定時發黃光。人類駕駛可以利用這些訊號，在不確定性較高時控制車輛，據此提升人類對車輛的信心，相信它們在其他時候確實知道自己在做什麼。另一個更有趣的點子是讓這些機器有辦法彼此分享後設認知資訊，就像人類的自我覺察能在合作、互動時發揮作用一樣。想像一下，兩輛自駕車開到一個十字路口，各自示意要轉往不同的方向。如果兩輛車都發出藍光，就能繼續前進，知道對方很清楚當下的狀況。但如果其中一輛車，或兩輛車同時發出黃光，最好的作法是慢下車速、小心行進。我們在開車時，如果發現路口另一側駕駛不太確定我們要做什麼，也一樣會這麼做。

有趣的是這類互動會很多變，例如，如果其中一輛車開始發黃光，可能會導致其他車輛的信心也跟著降低。結果就是路口的每一輛車都會開始遲疑，直到可以安全前進為止。即使機器能互相分享後設認知資訊，依然與擁有完整的心智理論有很遙遠的距離，但這可能就是管理人機團隊與全機器團隊所需要的最簡單的後設認知機制。這類演算法更繁複的版本——像是能瞭解自己為何不確定的版本（因為光線改變了嗎？還是遇到以前沒碰過的車輛？）——也許能開始產生有關錯誤發生原因的敘事性解釋。

以上就是第一種可能性：建立最簡單的人工後設認知，讓機器擁有自我覺察。這類的研究早已開始進行。但是另一種可能性的野心更大：那就是透過人類生理的自我覺察來強化機器。

認識我們的機器人

想像你坐上未來的自駕車，只要將車子連上腦機介面（brain-computer interface）就能輕鬆把車子開出去兜風。我們開車時，從車輛傳回的訊號會逐漸導致前額葉皮質中的表徵出現變化，就如同我們使用的各種其他工具也會形塑這些表徵。我們可以把掌控權交給車子，如此一來在一般駕駛的情況下，「我們」不需要做任何事情。但重要的是，腦機介面會確保我們與車子之間保有緊密的後設認知連結。就如同我們對自己行為每一刻的調整僅有有限的意識，自駕車能代替我們達成移動的目的，但只要出了差錯，我們會很自然地意識到錯誤——就像我們能意識到自己搭上靜止的電扶梯，或把網球打偏了。

這種情景似乎離我們很遙遠。但是原則上並沒有任何阻礙限制我們將自我意識與其他裝置連結。多虧神經迴路的可塑性，我們知道大腦有辦法把外在的裝置視為新的感官或肢體。腦機介面的一項重要發展發生在一九八〇年代初期。當時，埃波斯特洛・喬戈普羅斯（Apostolos Georgopoulos）是約翰・霍普金斯大學的神經科學家，他記錄猴子運動皮質中許多神經元的活動情形之後發現，當猴子將手臂擺向不同方向時，使每個細胞產生最強烈反應的擺動方向都不同。檢驗整個細胞群的反應情形時（每個細胞偏好的方向不盡相同），反應率的向量總和可以精準預測猴子手臂實際擺動的方向。不久後，其他實驗室就成功破解了細胞群的編碼，顯示猴子經過訓練後，有辦法透過調整神經活動模式來控制機器手臂。[16]

麥特・奈格（Matt Nagle）因為遭人持刀攻擊而導致四肢癱瘓，他在二〇〇二年成為得益於這項科技的首批病患之一。Cyberkinetics 公司替他植入晶片後，他學會了用想法移動電腦游標和切換電視頻道。近來，有許多公司（像是馬斯克 Elon Musk 的 Neuralink）都承諾要加速發展這類科技，方法是開發手術機器人，以對人類外科醫生來說幾乎不可能的方式將植入物與神經組織結合。也許你會覺得為了控制ＡＩ裝置而接受神經外科手術未免太過頭了。其他公司正在發展腦波儀等非侵入性的大腦掃描裝置，與機器學習結合後，這些裝置也能讓我們以同樣的精準度控制外在科技。[17]

目前，多數對腦機介面的研究都在尋找透過利用大腦活動控制外在科技的方法。但是，沒有合理的原因顯示大腦除了直接控制以外沒有監控自動化裝置的方法。要記得，後設認知的範圍很廣泛。如果我們能將大腦與自動化科技連接，那就表示我們可能也能使用支援其他認知過程自我意識的相同神經機制監控這些科技。在這種情況下，腦機介面會運用到系統的較高層級，也就是後設認知與自我意識的層級，而非知覺與運動控制。[18]

透過設計我們與科技的關係，善用我們對自我意識的天生優勢，就有辦法確保人類不會失去重要性。AI的發展能提供我們納入後設認知模型的豐富原料。如果當時法國航空空中巴士的機師對自動駕駛裝置具備如此自然的意識，也許介入並取回控制權就不會顯得如此衝突、令人緊張了。

只要機器與後設認知之間有良好的連結，我們是否瞭解其運作方式可能並不重要。只有少數生物學家瞭解眼睛運作方式的細節。但身為使用眼睛的人，我們馬上就可以分辨出失焦的影像，或是知道什麼時候需要戴眼鏡。很少有人瞭解肌肉如何使手臂產生運動的生物力學，但我們都知道什麼時候自己網球發球或高爾夫球揮桿表現不好，需要他人指導。同樣地，未來的機器可能有辦法透過我們與生俱來的自我覺察機制監控，不需要說明書來告訴我們該怎麼做。

哪一種世界是我們想要的？

要走哪一條路取決於我們想活在哪一種世界。我們是希望與擁有自我覺察的機器共存呢？還是希望AI保持智慧但不具備自我覺察，協助強化我們天生的認知能力？

第一條路會有道德顧慮。人類傾向相信，擁有自我覺察的事物具有道德責任，即便只是讓機器擁有後設認知的第一個組成要素，也會很快引起關於我們機器人夥伴有何權利義務的辯論。但是，目前ＡＩ研究人員所追求的深度後設認知網路，依然與人類靈活的自我意識結構相去甚遠。後設認知的原型演算法（像是能預測墜機可能的無人機）跟Facebook和Google用來分類影像，以及小瓦用來探索玩具世界的一般神經網路一樣，都不具備自我意識。

現有的人工後設認知範圍都很有限，只能學習監控單一特定任務的表現，像是分類視覺影像。相較之下，如我們所看到的，人類的自我意識充滿彈性，可以應用在各種想法、感受和行為之上。那麼，針對特定領域開發機器的後設認知能力，就不太可能達到能與人類自主性連結的自我意識了。[19]

電腦模擬後設認知如此脆弱的第二個原因，在於它們模擬的是運算信心和不確定性的隱含或「無模型」方法，而非主動建立系統行為的模型。也就是說，ＡＩ後設認知已經開始具備我們在第一部分所看到的不確定性和誤差監控的無意識組成要素，但仍然不具備在兒童發育晚期才出現、與我們對他人心靈的意識有關的外顯後設認知。如果對自我覺察的二階賴爾式觀點是正確的，ＡＩ可能必須在有辦法具備完整心智理論時，才會出現跟人類一樣的自我意識。

但我們也不應該忽視我們自我覺察未來的可能性。說來矛盾，但後設認知的神經科學告訴我們，與ＡＩ合而為一（第二條路），比起繼續打造聰明但無意識的機器，也許能讓我們保留更大的自主性和可解釋性。這個矛盾在目前對於可解釋ＡＩ的辯論中特別得到重視。這些辯論提出的解決辦法通常專注在提供讀數或黑盒子內在運作方式的直覺性視覺化圖形。這些解決方法背後的想法是，如果我們能分析機器的運作方式，就能比較清楚地瞭解它們做出特定決策的原因。這種方法對簡單的系統來說或許有用，但遇到複雜的問題時就幫不上忙了。那會像是提供fMRI掃描（甚至是前額葉皮質細胞活動的高解析度圖片）來解釋為什麼我午餐決定吃某種三明治一樣。這並不構成一般認知當中的解釋，在法庭上也不會得到認可。相反地，人類有辦法毫不費力地仰賴自我覺察向彼此解釋自己行事的原因（無論這麼做是好或壞），而對這種解釋進行正式詰問，就能構成自主性和責任感的基礎。[20]

我認為在實務上，我們最終會混合採用兩種方法。機器會得到協助它們追蹤不確定性並監控行為的專門知識，讓它們能夠與其他機器和人類操作者更有效地合作。而保持人類的重要性則能讓我們運用天生獨特的自我敘事能力，以人類的語言解釋機器的行為。我想，歷史學家哈拉瑞（Yuval Noah Harari）在寫下以下字句時，一定也想到了意識的這層後設認知意義：「我們花在改善人類意識上所投資的金錢和時間，必須與花在改善人工智慧上所投資的金錢和時間相符。」[21]展望自我意識的未來，我們可能不只得認識自己，也必須認識我們的機器。

第十一章
向蘇格拉底學習

我仍然沒有辦法如德爾非神殿銘文所寫的一樣「認識自己」，所以，我認為在瞭解自己之前，去探究其他不重要的事物，這是很荒唐的。

——柏拉圖，《費德魯斯篇》（Phaedrus）

我們又回到了起點。這趟旅程跟隨著古雅典人對認識自己的呼籲，從探討自我覺察的科學展開。現在我們知道，認識自己並非毫無意義的陳腔濫調。相反地，人類的大腦正是為了讓我們認識自己才演化出今天的樣貌。我們能追蹤不確定性、監控自己的行動，並持續更新運作中的心靈模型——這讓我們在記憶或視力失靈時得以察覺，或是解讀有關自身技能、能力和個性的知識。透過瞭解自我覺察的運作方式，我們已經學會如何在會議室到法院等各種環境中更加善用自我覺察，開始探究使人類大腦擁有意識的機制和運算——從此得到的知識也許能協助我們建造ＡＩ裝置，與它互動。

但就某些方面而言，我們逃避了蘇格拉底要我們想辦法更加認識自己的挑戰。強化或增進自我覺察的研究仍然處於早期階段，但已經有先驅進行嘗試，開發高科技和低科技的解決方法來面對這個挑戰。好消息是，如我們在本書第一部分看到的，後設認知並非一成不變，而是可以透過訓練和經驗形塑。過去的人們並不相信這種觀點，在二十世紀的大半部分，無論是科學家或一般大眾都普遍認為人類的大腦一旦長大成熟，其中的迴路就大抵固定了。

現在我們知道，即使已經成年，經驗和大量的練習依然能改變我們的大腦結構。眾所周知，倫敦計程車司機的海馬迴後側較大，根據推測，這個部位對於儲存和擷取倫敦街道的相關知識非常重要，這些知識是所有計程車司機都必須學習的。熟練音樂家的聽覺皮質具有較多的灰質——同樣地，據推測這是因為皮質的這個部位專門負責處理聲音。此外，也有證據顯示練習可以引起大腦結構的變化。學習雜耍會導致頂葉負責處理視覺動態的區域當中的灰質和白質體積增加。對老鼠進行的研究顯示，灰白質體積的變化與軸突成長相關，也就是說，練習和訓練使大腦產生新的連結，所以才有了大腦體積增加這個可觀測的結果。廣泛的動物實驗告訴我們，學習新事物時，突觸權重（synaptic weight）——允許神經元與彼此溝通的微小分子結構——會隨之產生變化。[1]

換句話說，成年人不僅有辦法學習新事物，我們還經常無法選擇不學習。無論我們願不願意，我們所做的一切都會使大腦結構產生些微的變化。這代表後設認知和大腦其他功能一樣並非固定不可變動的。

要瞭解這意味著什麼樣的可能性，讓我們看看曾嘗試以不同方式調節或增進後設認知的實驗。都柏林聖三一大學（Trinity College）一項以年長者為對象的實驗想知道，讓微弱的電流通過前額葉皮質——這種手法稱為經顱直流電刺激術（transcranial direct current stimulation，tDCS）——是否能夠促進後設認知思考。受試者必須在時間壓力下執行困難的色彩偵測任務，並判斷他們認為自己在何時犯了錯誤。在與受試者接受未實際使用電流的假刺激時相比，經顱直流電刺激術能提升受試者對於自己何時犯錯的意識，但不會影響整體任務表現。我們對經顱直流電刺激術的運作方式仍然所知不多，但微弱的電流有可能暫時刺激了神經元，讓前額葉皮質進入能促進後設認知的狀態。[2]

使用類似任務的研究中，能提升多巴胺與正腎上腺素的藥物——派醋甲酯（methylphenidate，也就是利他能 Ritalin）也有辦法讓人們更能意識到自己犯錯。我在倫敦大學學院的同事更進一步證明，乙型阻斷劑（beta-blocker）——這類藥物能透過阻斷正腎上腺素功能來降低血壓——能夠大幅提升執行知覺辨認任務時的後設認知敏感度。另一組服用氨磺必利（amisulpride，用來阻斷多巴胺功能）的受試者就沒有出現這樣的情形。後設認知在藥理學上的資料非常稀少，但目前的證據顯示，增加多巴胺的含量與抑制正腎上腺素（這種激素會在壓力情況下釋放）在整體上對自我覺察有好處。[3]

我們甚至有可能訓練人們直接改變追蹤決策信心的大腦迴路。日本國際電氣通信基礎技術研究所（Advanced Telecommunications Research Institute）的研究人員在二〇一六年發表了一項研究，證明他們有辦法訓練機器學習演算法透過受試者在執行簡單任務時的前額葉皮質活動分類其信心程度。接著，研究人員要求受試者靠自己的力量發動同樣的活動模式。如果他們成功發動，電腦螢幕中的圓圈就會變大；如果不小心解除了模式，圓圈就會變小。受試者並不需要知道自己在做什麼——他們只需要專心讓圓圈變大，其他交給演算法處理就行。經過兩天的訓練後，研究人員再度測量受試者的後設認知。受訓強化「高度信心」大腦活動模式的組別中，受試者的信心增加了；而受訓強化「低度信心」大腦活動模式的受試者，信心則是減弱了。這表示後設認知偏差出現了些微變化，而因為高度信心組的受試者對錯誤試驗的信心增加，他們的後設認知敏感度因而降低。這些發現證實對自我覺察進行有目標的強化也許是可達成的目標。[4]

許多人可能不願意為了增進後設認知而接受大腦刺激或服用藥物。但也許我們會願意花一點時間練習自我覺察。我的實驗室就是以此為目標，正在發展一種訓練機制，專門針對人的表現以及後設認知提供回饋。我們要受試者每天花約二十分鐘練習簡單的知覺判斷（兩張圖片哪一張比較亮）。對其中一組受試者，我們提供有關後設認知的回饋——他們對信心的判斷正不正確。而控制組則是得到關於知覺判斷的回饋——他們是否選了正確的圖片。我們發現，經過兩週的定期訓練後，後設認知回饋組的受試者展現較高的後設認知敏感度。[5]

自我覺察是否真有辦法獲得改善與重塑，取決於這類訓練是否具有實驗室外的益處。在我們的訓練實驗當中，受試者執行訓練範圍之外的記憶任務時，也出現了後設認知改善的情形。換句話說，人們只要學會在一項任務中增強後設認知，就有辦法自然地運用這項新技能，反思自己執行不同任務時的表現。這代表我們所訓練的技能有可能很廣泛、通用於各種領域。我們發現，自我覺察的提升也能使人們「察覺自己可能犯錯、需要更多資訊」的能力，產生系統性的改善，這點與後設認知能促進更開明、更縝密決策的觀點相符。除此之外，也有證據顯示藉由練習簡單的遊戲強化後設認知，就有可能足以促進人們對氣候變遷等爭議議題做出更開明的決策。[6]

在此我們必須小心謹慎。我們在實驗室中看見的後設認知改善狀況很小，而且除了對決策可能有正面影響之外，對我們的日常生活不太可能有顯著的影響。然而我們也必須留意，自我覺察的大幅提升並不是毫無壞處。例如，為了提升失智症患者的病識感，卻使患者意識到可能的記憶失能情形，這樣反而會造成不必要的焦慮和憂鬱。我們看到，即使是對健康的大腦，實際的自我評估也可能會對情緒造成負面影響，而些微的過度自信可能有助於建立自我勝任感。我們應該悉心留意提升自我覺察可能有的副作用，就像我們仔細評估各種新藥的副作用一樣。[7]

我希望我已經說服你，改善自我覺察的好處大幅勝過壞處，特別是當自我覺察得到仔細調整時。我們看到，自我覺察為人類所有文化成就——從洞穴藝術到哲學和文學小說——燃起了一道火花，並讓我們得以和諧共存，特別是與那些與我們觀點不同的人。有鑑於此，蘇格拉底要我們花時間增進自我覺察的建議，在當今似乎比以往都要來得重要。

意識之外

如果我們有辦法系統化地變更自我覺察，那會是什麼樣的感覺？這個問題的答案取決於我們對於後設認知與對周遭世界的意識之間的關係抱持何種看法。要說明這點，請想像我把你關在一間黑暗的房間中，並要你觀察電腦螢幕上出現的微弱亮光。亮光的出現大概會讓你的視覺體驗產生變化，但同時也會使你的自我覺察產生變化：你會思考自己有沒有看到亮光，而這種反思性的想法能讓你注意到意識當中的變化，並將之傳達出去。我們該如何思考這種關係？

這個領域分成兩個主要的陣營。其中一個陣營認為，自我覺察只是一般意識體驗（conscious experience）之上可有可的虛飾。這種「一階」式的觀點認為，也許我們需要後設認知以反思並回報我們的體驗，但這並不代表後設認知參與了經驗本身的產生。後設認知只是可有可無的附加物，位於意識之上，只有在要將資訊傳達到外界時才會需要。

支持一階式觀點的其中一個理論稱為溢出論（overflow thesis），其內涵如下：我們周遭的世界似乎非常豐富、細緻。坐在書桌前，我可以看到因為桌燈燈光照射白色壁紙而產生色調的變化、書桌的木頭紋理，以及牆上畫作的深藍色。我還能繼續列舉，但眼前景象的細節多於我用言語所能描述的。我的能力有限，無法良好地取用並形容我個人的內心世界——也就是說，我內心世界的細節「溢出」了我的描述能力。[8]

溢出論很符合直覺，並且被用來支持這個觀點：經驗與對經驗進行評論的能力是兩回事。但我們在下定論前必須小心謹慎。來自溢出實驗的資料也符合我們對各種物體僅能產生模糊印象（但在需要描述時會變得較為清晰）的現象。在不要求他人反思自身經驗的情況下，是很難確知他們的主要意識體驗的。[9]

另外一個陣營抱持的是所謂的「高階」式觀點。高階式學者認為，反思我們的心理狀態並產生與之相關想法的能力，正是我們具有意識的原因。我們如果無法以後設認知覺察自己的心理狀態，可能就沒有辦法處理資訊或對刺激產生反應，因此就不會產生意識了。[10]

高階式與一階式學者對於某些重要預測的意見相歧。舉例來說，如果前額葉皮質對於後設認知與高層次思考很重要，那麼要是我們創造兩種實驗情境，其中一種有意識的參與，另一種沒有，除此之外一切都相同。那麼，在高階式觀點當中，我們應該能察覺前額葉皮質當中的差異，但在一階式觀點之下沒辦法。我們已經看到初步的資料支持這個假說。但是問題在於目前我們用來研究人類大腦的技術（例如功能性磁振造影和腦磁圖）過於粗糙，無法證實哪一種觀點才是正確的。我們尚無法全盤瞭解造成人類意識與後設認知狀態微小變化的確切神經活動模式，因此，我們仍然無法判定哪個陣營才是正確的。[11]

但是，至少有間接證據顯示後設認知與意識之間存在連結。我們先前看到的盲視研究顯示，無意識（眼盲）的視野半部（hemifield）在處理資訊時缺乏後設認知敏感度。反過來說，前額葉皮質受損不僅會傷害後設認知，也會對意識體驗產生影響。[12]

另一個更幽微的含義是，如果後設認知是意識體驗固有的特徵，我們可能很難對意識（consciousness）本身進行反思。我們已經看到，我們仰賴後設認知區分現實與想像、察覺我們知覺經驗中可能存在的錯誤，並意識自己被錯覺所矇騙。我們可能會看著第一部分中的跳棋棋盤，告訴自己：「我知道這兩個方塊是同一個色調的灰色，但它們看起來還是不一樣。」我可以察覺，「我所看到的」與「我認為自己看到的」之間存在著衝突。解讀知覺與現實之間的差異讓我們對「觀看」具有意識——這是主觀經驗的重要成分。但是，要以這種方式讓意識本身可見似乎困難得多。對我們來說，意識是很自然的存在，是透明不可見的。這種透明性甚至可能就是意識難題——也就是為什麼我們會認為意識存在的謎團——的根源。[13]

我個人的看法是，這場辯論的結論會取決於我們比較在乎哪一種版本的意識。主要意識（primary consciousness）看來確實可能存在於虛空之中，不需要我們對其反思的能力——我們不需要動用後設認知，就能聞到咖啡香或看見紅色。然而，我認為我們所珍視的意識——也就是讓我們細細品味咖啡香、與朋友分享日落之美的那種意識——必須有後設意識的參與，也就是說，我們必須知道自己具有意識。這種較高層次的意識並非只是經驗之上可有可無的虛飾，相反地，它正是我們生而為人的意義基礎。[14]

當我們有意識地體驗情緒時，也可能運用了這種高階的意識。神經科學家喬瑟夫．勒杜（Joseph LeDoux）認為，經常伴隨情緒狀態出現的身體反應——像是因為聽到巨大聲響而呆住不動，或是因為看到蛇或蜘蛛而冒汗——可能是對驚訝或恐懼的有意識、反思性經驗所獨有的現象。他指出，實驗室老鼠和人類在面對危險時會出現相似的自動反應，這些反應由大腦深層的迴路所控制，但是很可能只有人類能夠思考並意識到感覺恐懼具有什麼樣的意義。[15]

要探究各種不同類型的意識有何意義，另一個有趣的試驗場是夢境。感覺上，我們在作夢時是具有意識的。但在作夢的當下，我們很少會覺察到自己正在作夢。這讓整個作夢的體驗令人感到挫折、毫無意義，至少在我們醒來前是如此。如果我們能偶爾對自己的夢境產生意識，那不是很好嗎？

其實，有些人確實有過在作夢時產生自我覺察的經驗，也就是所謂的清醒夢（lucid dream）。清醒夢經常在人過於疲勞時發生，但訓練自己做清醒夢也是有可能辦到的。每個人作清醒夢的頻率有很大的差異——有些人從來沒作過、有些人每個月作一次，而有些人幾乎每天晚上都作。我自己只體驗過一次清醒夢，當時我剛結束幾天的航行，將船停泊在漢布爾河（Hamble River）於英國南海岸出海口，然後在船上睡覺。突然間，我意識到自己能飛行，並能靠意志控制方向。那是一次詭異又奇妙的體驗。我覺得自己很清醒、具有意識，但身處另一個世界。

我們可以透過要求受試者做出睡眠時可以追蹤的特定眼球運動，來追蹤他們是否進入了清醒夢的狀態。值得注意的是，大腦成像研究顯示前極皮質與楔前葉——兩個與後設認知相關的區域——會在清醒夢期間增加活動。更驚人的是，以特定頻率對前額葉皮質進行電刺激可以提高人們在作夢時的清醒度。[16]

因此，關於清醒夢的研究完全符合以下觀念：人們在一般情況下並不會對夢境產生有意義的意識。如溢出論所指出的，人在作夢時仍然可能存在不具備自我覺察能力的主要意識，但受限於目前的衡量技術，我們很難、甚至無法證實是否真是如此。相反地，資料顯示當人們對夢境產生意識時（也就是作清醒夢時）會運用與清醒時後設認知相同的大腦網路。

學習清醒

我覺得這個想法充滿吸引力：促進我們在日常生活中的自我覺察，與在作清醒夢時很相似——我們可能會在自己、他人和世界上察覺到過去從未注意到的事物。事實上，這與冥想專家在密集閉關後所經歷的意識變化非常接近。

那麼，說定期冥想可能有助於提升後設認知和自我覺察，也就不足為奇了。正念冥想是佛教修行的核心，並且與後設認知的特徵——高階反思意識密切相關。但是一直到近來才有人以科學指標探究冥想的效果，這些研究得到的資料非常樂觀。加州大學聖塔芭芭拉分校（University of California, Santa Barbara）的心理學家班傑明．貝爾德（Benjamin Baird）和喬納森．斯庫勒在二〇一四年做了一項研究，發現為期兩週的冥想訓練可以增進受試者在接受記憶測驗時的後設認知敏感度。另一項研究發現，冥想專家與控制組相比具有較高的後設認知敏感度。[17]

這個研究領域很小，但正在成長當中，要複製並擴展這些發現還有許多工作要做。冥想研究在神經科學中飽受爭議，因為我們經常難以對冥想訓練的定義取得共識。但我依然抱持樂觀態度。有一個想法令人感到興奮：因為進行正念冥想時需要持續關注自身，以及聚焦自身心理狀態的能力，所以正念冥想可能也能磨練我們自我評估的能力。此外，不一定非得進行正規的冥想才有辦法透過反思增進表現。哈佛商學院的研究人員將印度IT公司威普羅（Wipro）的受訓員工分組，要求各組在上班的最後十五分鐘分別反思自己今天所學（反思組）、向他人解釋重要課題（分享組），或是跟平常一樣繼續學習（控制組）。相較於控制組，反思組和分享組的員工在最終考試的表現提升了超過百分之二十。[18]

然而，如我們所看到的，自我意識和後設認知很脆弱，而且其可塑範圍並不對稱。換句話說，我們透過提升後設認知可以得到的好處，遠遜於失去後設認知所帶來的後果。因此，現代生活使得自我意識遭受越來越大的威脅，是一件令人擔憂的事。身處於講求效率和生產力的文化，花時間反思自己的行為似乎是件奢侈的事。智慧型手機與螢幕佔據了我們清醒的時刻，排擠了我們可以用來停下來思考的時間。如我們所看到的，大量壓力和心理健康惡化也可能會侵蝕自我意識。我們可能會落入一個惡性循環，做事的時間越來越多、反思的時間越來越少，因此逐漸遺忘高品質的後設認知有什麼好處。藉由瞭解什麼因素可能導致自我意識失能，我們可以採取行動阻止惡性循環的發生。

自我覺察的科學能幫助我們以更具同理心的觀點看待他人偶爾的自我覺察失能。我們的朋友和同事跟我們一樣，自我覺察隨時處於變動狀態，並受到各種隱藏訊號的影響，這些隱藏訊號會影響他們認為自己對某個議題的觀點是對或錯。我們可能會覺得，在各種爭議議題（從政治到疫苗）上與我們持相反觀點的人是對證據視而不見。但只要能瞭解我們對自己觀點的信心是人為建構，而且容易受到扭曲，我們就能訓練自己對意見相左的人採取更包容的態度。

也許，保護並培養自我覺察最重要的方法就是你正在做的事：閱讀並思考關於自我覺察的科學。藉由揭開後設認知運作方式的神秘面紗（即使只是短暫地瞥一眼），我們就能瞭解：懂得反思的心智是多麼強大與脆弱。這會形成一個美麗的對稱：我們只要研究自我覺察，就能強化自我覺察。在距離古雅典人於德爾非神殿刻下智慧之言兩千五百年的今天，我們比以往任何時刻都更有能力認識自己。

註釋

序

1. Linnaeus (1735); Flavell (1979); Nelson and Narens (1990); Metcalfe and Shimamaura (1996).
2. Nestor (2014).
3. Shimamura (2000); Fleming and Frith (2014).
4. The MetaLab, https://metacoglab.org.
5. Comte (1988).
6. Descartes (1998).
7. Mill (1865).
8. Dennett (1996).
9. From a BBC interview with James Mossman, published in Vladimir Nabokov, Strong Opinions (New York: Vintage, 1990).
10. Hamilton, Cairns, and Cooper (1961).
11. Renz (2017).
12. Baggini (2019); Ivanhoe (2003).
13. Dennett (2018).
14. 有時候，研究自我意識和後設認知的科學家與哲學家所使用的語彙會讓人感到困惑。在本書中，我以「後設認知」（metacognition）和「自我監控」（self-monitoring）兩個詞指稱任何監控其他認知過程的過程，例如發現自己在解數學題目時犯了錯。自我監控和後設認知有時是在無意識中發生。只有反思自身、自身行為和心靈生活的能力，我才會以「自我意識」（self-awareness）稱呼。有些心理學家將自我意識的意義限縮在對身體的自我意識，或對身體位置和外表的意識，但我在此討論的主要是關乎心靈狀態的自我意識。

第 1 章 如何產生不確定性

1. Jonathan Steele, "Stanislav Petrov Obituary," The Guardian, October 11, 2017, www.theguardian.com/world/2017/oct/11/stanislav-petrov-obituary.
2. Green and Swets (1966).
3. 貝氏規則的雛形首先由十一世紀阿拉伯數學家海什木（Ibn al-Haytham）發現，到了 1763 年，英國牧師兼數學家托馬斯・貝葉斯（Thomas Bayes）進一步發展，而十八世紀的法國數學家拉普拉斯（Pierre-Simon Laplace）將之應用到各種科學問題。See McGrayne (2012).
4. Felleman and Van Essen (1991); Zeki and Bartels (1998).
5. Clark (2013); Clark (2016); Craik (1963); Friston (2010); Helmholtz (1856); Gregory (1970); Hohwy (2013).
6. Kersten, Mamassian, and Yuille (2004); Ernst and Banks (2002); Pick, Warren, and Hay (1969); Bertelson (1999); McGurk and MacDonald (1976).
7. Born and Bradley (2005); Ma et al.(2006).
8. Apps and Tsakiris (2014); Blanke, Slater, and Serino (2015); Botvinick and Cohen (1998); Della Gatta et al.(2016); Seth (2013).

9. Kiani and Shadlen (2009); Carruthers (2008); Insabato, Pannunzi, and Deco (2016); Meyniel, Sigman, and Mainen (2015).
10. Smith et al.(1995).
11. 可能有其他方式能解釋動物在這些實驗中的行為，而且牠們並不需要具備追蹤不確定性的能力。舉例來說，當第三根控制桿出現時，代表納圖亞有三種選項：高音、低音，還有「不知道」（跳過題目的選項）。過了一陣子之後，納圖亞可能會發現，在出現中音時按下高音或低音控制桿可能會讓牠因為答錯而受罰，而沒有魚可吃。選擇跳過題目的風險比較低，讓牠能快速進入可能賺到食物的下一題。也許牠只是遵循簡單的規則，例如「中音出現時就選擇跳過」，實際上並沒有對自己的答案是否正確產生不確定性。Carruthers (2008).
12. Kornell, Son, and Terrace (2007); Shields et al.(1997); Kepecs et al.(2008); Fujita et al.(2012). 一項視覺搜尋任務發現，六隻鴿子、三隻矮腳雞中的其中兩隻動物在正確時比較可能選擇高風險的選項。有兩隻鴿子在面對新的顏色時也一致展現了這項後設認知能力。
13 Goupil and Kouider (2016); Goupil, Romand-Monnier, and Kouider (2016).
14. 心理學家喬瑟普・寇爾（Josep Call）提供了以下的總結：「我覺得可以說這個領域展開了一場軍備競賽：非後設認知解釋越來越詳盡，於是出現更精細的實徵證據予以回應，但是更為複雜的非後設認知解釋又因為這些證據而產生。」Call (2012); Hampton (2001).
15. Beran et al.(2009).
16. Meyniel, Schlunegger, and Dehaene (2015).
17. 匈牙利數學家亞伯拉罕・沃德（Abraham Wald）在二戰期間為美國政府工作時發展出了逐次分析（sequential analysis）理論。圖靈獨自發展出了類似的方法，作為其班伯里解碼法（Banburismus process）的一部分。班伯里解碼法直到 1980 年代都被英國政府視為機密。Hodges (1992); Wald (1945); Gold and Shadlen (2002).
18. Desender, Boldt, and Yeung (2018); Desender et al.(2019).
19. 貝氏推論在假設數量有限的情況很簡單。但是，當問題變得不受約束時，必須估計的可能性激增，使情況變得棘手。一門跨足 AI 和認知科學的研究領域正在快速發展，致力找到近似貝氏推論，但更巧妙的方法，大腦很可能就是使用類似的方法。

第 2 章 自我監控的演算法

1. 生理調適（allostasis）指的是預測體內恆定將會需要何種調整的過程：「透過改變達到穩定」。Conant and Ashby (1970); Sterling (2012).
2. Clark (2016); Hohwy (2013); Pezzulo, Rigoli, and Friston (2015); Gershman and Daw (2012); Yon, Heyes, and Press (2020).
3. Badre and Nee (2018); Passingham and Lau (2019).
4. Michael Church, "Method & Madness: The Oddities of the Virtuosi," The Independent, March 12, 2008, www.independent.co.uk/arts-entertainment / music/features/method-madness-the-oddities-of-the-virtuosi-794373.html.
5. Logan and Zbrodoff (1998); Logan and Crump (2011).
6. Crump and Logan (2010); Logan and Crump (2009).
7. Reynolds and Bronstein (2003).
8. Fourneret and Jeannerod (1998).
9. Diedrichsen et al.(2005); Schlerf et al.(2012). 有另一種觀點認為這種副本並非從屬於指令，其本身（或其部分）就是指令。這就是所謂的主動推論（active inference）。主動推論的核心是知覺與運動預測誤差之間存在深層對稱。知覺預測誤差會改變我們對世界建立的模型，然後運動（或本體感受〔proprioceptive〕）預測誤差會使我們的肌肉移動，讓肢體呈現與我們預測相符的形狀。換句話說，我們藉由心想「我想要（預期）去那裡」引發誤差，然後由運動系統修正誤差。Clark (2013); Friston (2010); Adams, Shipp, and Friston (2013); Friston et al.(2010).

10. Blakemore, Wolpert, and Frith (2000); Shergill et al.(2003); Wolpert and Miall (1996).
11. Rabbitt (1966); Rabbitt and Rodgers (1977); Hasbroucq et al.(1999); Meckler et al.(2017).
12. Gehring et al.(1993); Dehaene, Posner, and Tucker (1994); Fu et al.(2019).
13. Goupil and Kouider (2016).
14. Schultz, Dayan, and Montague (1997). 聯想學習有許多不同的形式。在「古典」制約（或稱帕夫洛夫〔Pavlovian〕制約）下，預期的反應會與刺激或提示產生關聯。在「操作」制約（或稱工具制約）下，動物或人類需要執行行動才能獲得獎賞。
15. Seymour et al.(2004); O'Doherty et al.(2003); Sutton and Barto (2018). 在強化學習（reinforcement learning，RL）這個電腦科學的分支中，預測誤差是訓練學習演算法所需的重要數學變數。強化學習認為，學習結束後就不必再釋放多巴胺了，正如同舒茲的發現：猴子學會預期燈亮後會出現果汁，其預測沒有誤差。但強化學習也預測，當果汁無預警消失，基線多巴胺反應將會下降（所謂的負向預測誤差），神經元活動的紀錄也證實了這一點。
16. 另一種思考 dACC 和 ERN 等訊號的方式，是把它們當做取得更具體或更明確報酬的過程中，中間進展的訊號。Botvinick, Niv, and Barto (2009); Shidara and Richmond (2002); Ribas-Fernandes et al.(2011).
17. Gadagkar et al.(2016); Hisey, Kearney, and Mooney (2018).
18. 這些不同層次之間不太可能有明顯的區別。例如，ERN 本身受我們為達目標所採取之行動的流暢性調整。Torrecillos et al.(2014).
19. See Stephen M.Fleming, "False Functional Inference: What Does It Mean to Understand the Brain? "Elusive Self (blog), May 29, 2016, https://elusiveself.wordpress.com/2016/05/29/false-functional-inference-what-does-it-mean-to-understand-the-brain/; and Jonas and Kording (2017); Marr and Poggio (1976).
20. 這裡需要另一條有關詞彙的註釋。哲學家喬愛・普魯斯特（Joëlle Proust）將後設認知區分為程序性（procedural）和分析性（analytic）兩種：程序性後設認知是建立在可能有意識或無意識的低層次流暢度感受之上，而分析性後設認知則是建立在對自身能力的推論之上。彼得・卡拉瑟斯（Peter Carruthers）等其他人則認為，隱含監控與控制不算是後設認知，因為這些能力不需要訴諸後設表徵（meta-representation）即可得到解釋。還有另一派人，例如喬瑟夫・佩爾納（Josef Perner），接受以後設表徵作為思考後設認知的起點，但是容許隱含監控與完全有意識的後設表徵之間存在屬於中間層次的各種程度的心靈過程。Perner (2012); Proust (2013); Carruthers (2008).

第 3 章 知己知彼

1. Aubert et al.(2014); McBrearty and Brooks (2000); Sterelny (2011).
2. Ryle (2012).
3. Carruthers (2009); Carruthers (2011); Fleming and Daw (2017); Thornton et al.(2019).
4. Baron-Cohen, Leslie, and Frith (1985); Wimmer and Perner (1983).
5. Hembacher and Ghetti (2014).
6. Bretherton and Beeghly (1982); Gopnik and Astington (1988); Flavell (1979); Rohwer, Kloo, and Perner (2012); Kloo, Rohwer, and Perner (2017); Filevich et al.(2020).
7. Lockl and Schneider (2007); Nicholson et al.(2019); Nicholson et al.(2020).
8. Darwin (1872); Lewis and Ramsay (2004); Kulke and Rakoczy (2017); Onishi and Baillargeon (2005); Scott and Baillargeon (2017); Paulus, Proust, and Sodian (2013); Wiesmann et al.(2020).

9. Courage, Edison, and Howe (2004). 另外一種看法認為，鏡像測試測驗的是正確使用鏡子的特殊（而且可能是無意識的）能力（例如我們在刮鬍子或整理頭髮時能毫不費力地使用鏡子），並不需要自我意識。Heyes (1994); Chang et al.(2017); Kohda et al.(2019).
10. Bretherton and Beeghly (1982); Gopnik and Astington (1988).
11. Lewis and Ramsay (2004).
12. Call and Tomasello (2008); Kaminski, Call, and Tomasello (2008); Butterfill and Apperly (2013); Heyes (2015); Krupenye and Call (2019); Premack and Woodruff (1978).
13. Herculano-Houzel, Mota, and Lent (2006); Herculano-Houzel et al.(2007).
14. 鳥類似乎具備與靈長類相似的遞增規律。Dawkins and Wong (2016); Herculano-Houzel (2016); Olkowicz et al.(2016).
15. 這個說法顯然會引起質疑。也許我們的頭很大，但人類的大腦絕對不是最大的。那些體型巨大，但在演化上與我們相距甚遠的動物（像是大象和鯨魚）該怎麼解釋呢？賀古拉諾－霍澤發現，非洲象大腦不只在體積上比人腦來得大，其中包含的神經元也是人腦的三倍。乍看之下，這個發現似乎打破了人類相對於其他物種具有非常大量的神經元這個理論，但是，大象大部分的神經元（百分之九十八）都位於小腦，而不是皮質。我們在前一章提到，小腦的作用是自動駕駛，讓行動與思想維持正軌，但不會產生任何自我意識（至少人類是如此）。大象會需要這麼大的小腦，可能是因為牠們複雜的身體構造與象鼻，需要非常精準的運動控制。雖然非洲象的存在證明了人類並非唯一擁有大量神經元的物種，但截至目前為止，在所有檢驗過的物種中，人類的大腦皮質神經元仍然佔有優勢。Herculano-Houzel et al.(2014).
16. Ramnani and Owen (2004); Mansouri et al.(2017); Wallis (2011); Semendeferi et al.(2010).
17. Jenkins, Macrae, and Mitchell (2008); Mitchell, Macrae, and Banaji (2006); Ochsner et al.(2004); Kelley et al.(2002); Northoff et al.(2006); Lou, Changeux, and Rosenstand (2017); Summerfield, Hassabis, and Maguire (2009).
18. Lou et al.(2004).
19. Shimamura and Squire (1986).
20. Janowsky et al.(1989); Schnyer et al.(2004); Pannu and Kaszniak (2005); Fleming et al.(2014); Vilkki, Servo, and Surma-aho (1998); Vilkki, Surma-aho, and Servo (1999); Schmitz et al.(2006); Howard et al.(2010); Modirrousta and Fellows (2008).
21. Nelson et al.(1990).
22. Kao, Davis, and Gabrieli (2005).
23. Amodio and Frith (2006); Vaccaro and Fleming (2018).
24. 阿爾敏・拉克（Armin Lak）與亞當・凱佩克斯證實，老鼠額葉皮質的神經活動可以預測，為了達到答對決策任務的獎勵，牠們願意等待多久的時間 ¬¬¬¬ ——這是隱含後設認知的標誌。透過注入毒蕈胺（muscimol）這種藥物，研究人員可以讓老鼠的額葉皮質停止活動，藉此減損牠們等待的能力，但是不影響牠們一開始做決策的能力。就這方面而言，拉克與凱佩克斯研究中的老鼠就與前額葉皮質受損的人類類似，兩者的認知能力都完好，但是後設認知能力受損。另一項對猴子進行的研究顯示，頂葉、額葉與視丘中的神經元能追蹤支持特定決策或其他決策的證據中的不確定性，例如刺激是往左還是往右移動——就如同圖靈的方程式能追蹤支持或反對特定恩尼格瑪假說的證據。Lak et al.(2014); Middlebrooks and Sommer (2012); Kiani and Shadlen (2009); Miyamoto et al.(2017); Miyamoto et al.(2018); Komura et al.(2013).
25. Mesulam (1998); Krubitzer (2007).
26. Margulies et al.(2016); Baird et al.(2013); Christoff et al.(2009); Passingham, Bengtsson, and Lau (2010); Metcalfe and Son (2012); Tulving (1985).

27. Herculano-Houzel (2016).

第 4 章 無數具有自我意識的大腦

1. Freud (1997); Mandler (2011).
2. 這裡所寫的跟許多簡述歷史一樣過於簡化。事實上，最早研究心靈主觀層面的心理學家也非常重視行為，馮特本人就對其學生鐵欽納（Titchener）和屈爾佩（Külpe）的內省法研究提出嚴厲批評。另一方面，早在行為主義出現前就有人對動物行為進行研究（Constall, 2006）。除此之外，量化自我意識準確度的現代方法會出現也是早有徵兆：維多利亞時代的心理學家，佩爾斯（Peirce）與嘉士卓（Jastrow）在他們領先時代的重要論文中提出了後設認知的數學模型：m = clogp/(1-p)，其中 m 代表受試者的信心程度，p 代表答案為正確的機率，c 則是常數（Peirce and Jastrow, 1885）。這個方程式顯示，受試者的信心會與答對機率的對數成正比——這點已在晚進的實驗中得到證實。Van den Berg, Yoo, and Ma (2017).
3. Hart (1965).
4. 偏差與敏感度會產生衝突——如果我的信心總是百分之百，那麼我就很容易具有高度偏差，並且敏感度低。Clarke, Birdsall, and Tanner (1959); Galvin et al.(2003); Nelson (1984); Maniscalco and Lau (2012); Fleming and Lau (2014); Fleming (2017); Shekhar and Rahnev (2021).
5. Fleming et al.(2010).
6. Poldrack et al.(2017).
7. Yokoyama et al.(2010); McCurdy et al.(2013).See also Fleming et al.(2014); Hilgenstock, Weiss, and Witte (2014); Miyamoto et al.(2018); Baird et al.(2013); Baird et al.(2015); Barttfeld et al.(2013); Allen et al.(2017); Rounis et al.(2010); Shekhar and Rahnev (2018); Qiu et al.(2018).
8. Semendeferi et al.(2010); Neubert et al.(2014).
9. Cross (1977); Alicke et al.(1995). 過度自信偏差在表現低落者的身上最明顯，即所謂的鄧寧－克魯格效應（Dunning-Kruger effect，以其發現者命名）（Dunning, 2012; Kruger and Dunning, 1999）。克魯格與鄧寧認為，影響表現低落者的是後設認知錯誤，而非回應時的偏誤（Ehrlinger et al., 2008）。然而，目前仍不清楚鄧寧－克魯格效應是後設認知敏感度或後設認知偏差，還是兩者同時造成的。See Tal Yarkoni, "What the Dunning-Kruger Effect Is and Isn't, " [citation needed] (blog), July 7, 2010, https://talyarkoni.org/blog/2010/07/07/what-the-dunning-kruger-effect-is-and-isnt; and Simons (2013).
10. Ais et al.(2016); Song et al.(2011).
11. Mirels, Greblo, and Dean (2002); Rouault, Seow, Gillan, and Fleming (2018); Hoven et al.(2019).
12. Fleming et al.(2014); Rouault, Seow, Gillan, and Fleming (2018); Woolgar, Parr, and Cusack (2010); Roca et al.(2011); Toplak, West, and Stanovich (2011); but see Lemaitre et al.(2018).
13. Fleming et al.(2015); Siedlecka, Paulewicz, and Wierzcho (2016); Pereira et al.(2020); Gajdos et al.(2019).
14. Logan and Crump (2010).
15. Charles, King, and Dehaene (2014); Nieuwenhuis et al.(2001); Ullsperger et al.(2010).
16. Allen et al.(2016); Jönsson, Olsson, and Olsson (2005).
17. De Gardelle and Mamassian (2014); Faivre et al.(2018); Mazancieux et al.(2020); Morales, Lau, and Fleming (2018). 這種領域泛用性有資些例外情形很有趣，值得進一步研究。首先，以行為者的角度來看，後設認知具有領域泛用性這件事並不代表不同的後設認知能力仰賴相同的神經迴路（請參考 McCurdy et al., 2013; Baird et al.,

2013; Baird et al., 2015; Fleming et al., 2014; Ye et al., 2018）。再來，在後設認知方面，某些感官似乎確實比較獨特——布瑞安娜・貝克（Brianna Beck）、薇倫蒂娜・佩納－維瓦斯（Valentina Peña-Vivas）、派翠克・哈嘉德（Patrick Haggard）和我發現，對痛覺刺激後設認知的差異並無法預測觸覺或視覺的後設認知，雖然這兩種能力之間存在正相關。Beck et al.(2019).

18. Bengtsson, Dolan, and Passingham (2010); Bandura (1977); Stephan et al.(2016); Rouault, McWilliams, Allen, and Fleming (2018); Will et al.(2017); Rouault, Dayan, and Fleming (2019); Rouault and Fleming (2020).
19. Bang and Fleming (2018); Bang et al.(2020); Fleming and Dolan (2012); Fleming, Huijgen, and Dolan (2012); Gherman and Philiastides (2018); Passingham, Bengtsson, and Lau (2010); De Martino et al.(2013); Fleming, van der Putten, and Daw (2018).
20. Heyes and Frith (2014); Heyes (2018).
21. Pyers and Senghas (2009); Mayer and Träuble (2013).
22. Hughes et al.(2005). 這類針對後設認知的遺傳學研究很稀少。紐約大學的大衛・塞薩里尼（David Cesarini）研究了四百六十對瑞典雙胞胎，並要求他們進行二十分鐘的一般認知能力測驗。在接受測驗之前，每位雙胞胎評估了他們認為自己相對於其他人的排名——這能衡量他們是過度自信或自信不足。研究發現，百分之十六到三十四的過度自信差異性可以歸因於遺傳差異（Cesarini et al., 2009）。倫敦國王學院（Kings College London）的科芮娜・葛萊文（Corina Greven）、羅伯特・蒲洛敏（Robert Plomin）等人對七千五百多名英國兒童進行更大規模的研究，得到類似的結果。他們收集有關自信的資料——這些兒童們認為自己在英語、科學和數學的表現有多好？——以及智商分數和實際的在校成績。結果很驚人：這些兒童信心程度的差異性大約有一半受到遺傳因素的影響——與遺傳對智商影響的程度大致相同（Greven et al., 2009）。截至目前為止，遺傳學研究只檢視了我們對自身能力的整體信心，尚未有人使用本章描述的工具量化後設認知能力。使用類似技術觀察後設認知敏感度的差異性可能會得到有趣的結果：基因組成是否會影響我們對自身心靈的瞭解程度呢？還是說，後設認知比較像讀心，與基因的關聯性較小，而是更受到我們從父母和老師學到的豐富思考工具的影響？
23. Heyes et al.(2020).
24. Weil et al.(2013).
25. Blakemore (2018); Fandakova et al.(2017).
26. David et al.(2012).
27. Fotopoulou et al.(2009).
28. Marsh (2017).
29. Burgess et al.(1998); Schmitz et al.(2006); Sam Gilbert and Melanie George, "Frontal Lobe Paradox: Where People Have Brain Damage but Don't Know It," The Conversation, August 10, 2018, https://theconversation.com/frontal-lobe-paradox-where-people-have-brain-damage-but-dont-know-it-100923.
30. Cosentino (2014); Cosentino et al.(2007); Moulin, Perfect, and Jones (2000); Vannini et al.(2019); Agnew and Morris (1998); Morris and Mograbi (2013).
31. Johnson and Raye (1981); Simons, Garrison, and Johnson (2017).
32. Frith (1992); Knoblich, Stottmeister, and Kircher (2004); Metcalfe et al.(2012).
33. Harvey (1985); Bentall, Baker, and Havers (1991); Garrison et al.(2017); Simons et al.(2010).
34. Eichner and Berna (2016); Moritz and Woodward (2007); Moritz et al.(2014).

第 5 章 避免自我意識失能

1. Alter and Oppenheimer (2006); Alter and Oppenheimer (2009); Reber and Schwarz (1999); Hu et al.(2015); Palser, Fotopoulou, and Kilner (2018);

Thompson et al.(2013).

2. Kahneman (2012).
3. Schooler et al.(2011).
4. Smallwood and Schooler (2006).
5. Goldberg, Harel, and Malach (2006).
6. Reyes et al.(2015); Reyes et al.(2020).
7. Metzinger (2015).
8. Metcalfe and Finn (2008); Kornell and Metcalfe (2006); Rollwage et al.(2020); Koizumi, Maniscalco, and Lau (2015); Peters et al.(2017); Samaha, Switzky, and Postle (2019); Zylberberg, Barttfeld, and Sigman (2012).

第 6 章 學習「學習」這件事

1. "Equipping People to Stay Ahead of Technological Change," The Economist, January 14, 2017, www.economist.com/leaders/2017/01/14/equipping-people-to-stay-ahead-of-technological-change.
2. Christian Jarrett et al., "How to Study and Learn More Effectively," August 29, 2018, in PsyCruch, produced by Christian Jarrett, podcast, 13:00, https://digest.bps.org.uk/2018/08/29/episode-13-how-to-study-and-learn-more-effectively/; Christian Jarrett, "All You Need to Know About the 'Learning Styles' Myth, in Two Minutes," Wired, January 5, 2015, www.wired.com/2015/01/need-know-learning-styles-myth-two-minutes/.
3. Knoll et al.(2017).
4. Ackerman and Goldsmith (2011).
5. Bjork, Dunlosky, and Kornell (2013); Kornell (2009); Kornell and Son (2009); Karpicke (2009); Zimmerman (1990).
6. Dunlosky and Thiede (1998); Metcalfe and Kornell (2003); Metcalfe and Kornell (2005); Metcalfe (2009).
7. Schellings et al.(2013); De Jager, Jansen, and Reezigt (2005); Jordano and Touron (2018); Michalsky, Mevarech, and Haibi (2009); Tauber and Rhodes (2010); Heyes et al.(2020).
8. Chen et al.(2017).
9. Diemand-Yauman, Oppenheimer, and Vaughan (2011); "Sans Forgetica," RMIT University, https://sansforgetica.rmit.edu.au/.
10. 2016年取消了猜測的懲罰，請見Test Specifications for the Redesigned SAT (New York: College Board, 2015), 17–18, https://collegereadiness.collegeboard.org/pdf/test-specifications-redesigned-sat-1.pdf。諷刺的是，這項規則變化可能在無意中消除了先前評分規定中對後設認知的獎勵（這原本應該也是意外造成的結果）。請見Higham（2007）。
11. Koriat and Goldsmith (1996).
12. Bocanegra et al.(2019); Fandakova et al.(2017).
13. Bandura (1977); Cervone and Peake (1986); Cervone (1989); Weinberg, Gould, and Jackson (1979); Zacharopoulos et al.(2014).
14. Greven et al.(2009); Chamorro-Premuzic et al.(2010); Programme for International Student Assessment (2013).
15. Kay and Shipman (2014).
16. Clark and Chalmers (1998); Clark (2010); Risko and Gilbert (2016); Gilbert (2015); Bulley et al.(2020).

17. Hu, Luo, and Fleming (2019).
18. Ronfard and Corriveau (2016).
19. Csibra and Gergely (2009); Lockhart et al.(2016).
20. Bargh and Schul (1980); Eskreis-Winkler et al.(2019).
21. Trouche et al.(2016); Sperber and Mercier (2017).
22. Koriat and Ackerman (2010).
23. Clark (2010); Mueller and Oppenheimer (2014).

第 7 章 有關決策的決策

1. Mark Lynas, interview with Dominic Lawson, February 4, 2015, in Why I Changed My Mind, produced by Martin Rosenbaum, podcast, 15:30, www.bbc.co.uk/sounds/play/b0510gvx.
2. Van der Plas, David, and Fleming (2019); Fleming (2016).
3. Fleming, van der Putten, and Daw (2018).
4. Rollwage et al.(2020).
5. Klayman (1995); Park et al.(2010); Sunstein et al.(2016); Kappes et al.(2020).
6. Rollwage et al.(2020); Talluri et al.(2018).
7. Rollwage and Fleming (in press).
8. Rollwage, Dolan, and Fleming (2018).
9. De Martino et al.(2013).
10. De Martino et al.(2013); Folke et al.(2016). 有趣的是，眼球運動也會透露選擇的難度；人們感到不確定時，會更頻繁地來回查看兩種選項。但只有外顯的信心評分能預測人們何時會改變心意。
11. Frederick (2005); Evans and Stanovich (2013); Thompson et al.(2013); Ackerman and Thompson (2017).
12. Toplak, West, and Stanovich (2011); Pennycook, Fugelsang, and Koehler (2015); Pennycook and Rand (2019); Young and Shtulman (2020).
13. Johnson and Fowler (2011).
14. Anderson et al.(2012).
15. Hertz et al.(2017); Von Hippel and Trivers (2011).
16. Bang et al.(2017); Bang and Fleming (2018); Bang et al.(2020).
17. Edelson et al.(2018); Fleming and Bang (2018); Dalio (2017).
18. Amazon, "To Our Shareholders," 2017, www.sec.gov/Archives/edgar / data/1018724/000119312518121161/d456916dex991.htm.

第 8 章 合作與分享

1. Shea et al.(2014); Frith (2012).
2. 這是第一章結合兩種感覺模式（例如視覺和聽覺）的貝氏演算法的其中一個版本，但在這裡，這種結合跨越了不同的大腦，而非在同一個大腦內完成。這種模型也表示，如果觀察者差異太大，互動的好處就會消失。這與實際情況相符：對差異太大的兩個人而言，合作反而比獨立行動的效果更差。Bahrami et al.(2010); Fusaroli et al.(2012); Bang et al.(2014); Koriat (2012).
3. Bang et al.(2017); Patel, Fleming, and Kilner (2012); Jiang and Pell (2017); Jiang, Gossack-Keenan, and Pell (2020); Goupil et al.(2020); Pulford et al.(2018).
4. Brewer and Burke (2002); Fox and Walters (1986).

5. Busey et al.(2000).
6. Wixted and Wells (2017).
7. National Research Council (2015).
8. Barney Thompson, "'Reasonable Prospect' of Lawyer Being Vague on Case's Chances," Financial Times, November 25, 2018, www.ft.com/content/94cddbe8-ef31-11e8-8180-9cf212677a57; Robert Rothkopf, "Part 1: Miscommunication in Legal Advice," Balance Legal Capital, November 23, 2018, www.balancelegalcapital.com/litigation-superforecasting-miscommunication/.
9. Tetlock and Gardner (2016).
10. Firestein (2012).
11. Open Science Collaboration (2015); Camerer et al.(2018).
12. Rohrer et al.(in press).
13. Fetterman and Sassenberg (2015).
14. Camerer et al.(2018).
15. Pennycook and Rand (2019).
16. Rollwage, Dolan, and Fleming (2018); Ortoleva and Snowberg (2015); Toner et al.(2013).
17. Schulz et al.(2020).
18. Fischer, Amelung, and Said (2019).
19. Leary et al.(2017).
20. Bang and Frith (2017); Tetlock and Gardner (2016).

第 9 章 解釋自我

1. Cleeremans (2011); Norman and Shallice (1986).
2. Beilock and Carr (2001); Beilock et al.(2002).
3. Sian Beilock, "The Best Players Rarely Make the Best Coaches," Psychology Today, August 16, 2010, www.psychologytoday.com/intl/blog/choke/201008/the-best-players-rarely-make-the-best-coaches; Steven Rynne and Chris Cushion, "Playing Is Not Coaching: Why So Many Sporting Greats Struggle as Coaches," The Conversation, February 8, 2017, http://theconversation.com/playing-is-not-coaching-why-so-many-sporting-greats-struggle-as-coaches-71625.
4. Quoted in James McWilliams, "The Lucrative Art of Chicken Sexing," Pacific Standard, September 8, 2018, https://psmag.com/magazine/the-lucrative-art-of-chicken-sexing. 在這類案例中，總體後設認知可能依然完好無缺。雖然專業的性別區分人員不甚瞭解自己選擇的準確度，他們想必知道自己是專家。
5. Weiskrantz et al.(1974); Ro et al.(2004); Azzopardi and Cowey (1997); Schmid et al.(2010); Ajina et al.(2015). 有一種觀點將盲視當作退化的有意識視覺，而非在本質上無意識，請參考 Phillips（2020）。
6. Kentridge and Heywood (2000); Persaud, McLeod, and Cowey (2007); Ko and Lau (2012).
7. Hall et al.(2010).
8. Johansson et al.(2005); Nisbett and Wilson (1977). 隆德大學的實驗是以 1977 年由社會心理學家理查・尼斯貝特（Richard Nisbett）和提摩西・威爾森（Timothy Wilson）發表的知名論文為基礎。該論文〈Telling More Than We Can Know: Verbal Reports on Mental Processes〉是心理學界最常受到引用的文獻之一。他們回顧過去文獻，提出其實我們對引導自身行為的心理過程所知甚少的觀點。這樣的觀點有部分是來自實驗：在實驗中，個人展現顯著選擇偏差（像是在同樣的衣服中選擇放在最右邊的那件），卻完全不曉得自己行為存在偏差。
9. Gazzaniga (1998); Gazzaniga (2005).
10. Hirstein (2005); Benson et al.(1996); Stuss et al.(1978).
11. Wegner (2003).
12. Wegner and Wheatley (1999); Moore et al.(2009); Metcalfe et al.(2012); Wenke, Fleming, and Haggard (2010).
13. Vygotsky (1986); Fernyhough (2016).
14. Schechtman (1996); Walker (2012).
15. Frankfurt (1988); Dennett (1988); Moeller and Goldstein (2014).
16. Crockett et al.(2013); Bulley and Schacter (2020).
17. Pittampalli (2016).
18. Stephen M.Fleming, "Was It Really Me?," Aeon, September 26, 2012, https://aeon.co/essays/will-neuroscience-overturn-the-criminal-law-system.
19. Case (2016); Keene et al.(2019).

第 10 章 自我意識在機器時代

1. Hamilton, Cairns, and Cooper (1961).
2. Turing (1937); Domingos (2015); Tegmark (2017); Marcus and Davis (2019).
3. Braitenberg (1984).
4. Rosenblatt (1958); Rumelhart, Hinton, and Williams (1986).
5. Bengio (2009); Krizhevsky, Sutskever, and Hinton (2012); Schäfer and Zimmermann (2007).
6. 這裡存在一些限制條件。什麼才能算是內在表徵在認知科學領域是個爭議性的問題。哲學家尼可拉斯・希亞認為，表徵（representation）有助於解釋系統在簡單因果鏈外作為的功能時，就會發揮作用。例如，我們可能會說神經網路的部分或一個大腦區域「代表（represent）」我看到兒子的臉，因為這種表徵會在各種不同條件和輸入之下活化——無論我是看到他臉的正面或側面、光線是好是壞——這種表徵很有用，因為它能使我以關愛的態度看待兒子。以更專業的術語來說，這類表徵在各種條件下是「不變（invariant）」或穩健（robust）的，這使得這類表徵成為心理學和認知科學的有效解釋層次（level of explanation）（想像一下，在不提及臉孔、只談論光影和輸出入的情況下，要如何解釋神經網路中的臉孔選擇性神經元的功能。）Pitt (2018); Shea (2018).
7. Khaligh-Razavi and Kriegeskorte (2014); Kriegeskorte (2015); Güçlü and Van Gerven (2015).
8. Silver et al.(2017).
9. James (1950).
10. Marcus and Davis (2019).
11. Clark and Karmiloff-Smith (1993); Cleeremans (2014).
12. Yeung, Cohen, and Botvinick (2004).
13. Pasquali, Timmermans, and Cleeremans (2010). 其他相關的例子請見 Insabato et al.（2010）及 Atiya et al.（2019）。
14. Daftry et al.(2016); Dequaire et al.(2016); Gur u et al.(2018); Gal and Ghahramani (2016); Kendall and Gal (2017).
15. Clark and Karmiloff-Smith (1993); Wang et al.(2018).
16. Georgopoulos et al.(1982).
17. Hochberg et al.(2006).

18. Schurger et al.(2017).
19. Rouault et al.(2018).
20. Samek et al.(2019).
21. Harari (2018).

第 11 章 向蘇格拉底學習

1. Maguire et al.(2000); Schneider et al.(2002); Zatorre, Fields, and Johansen-Berg (2012); Draganski et al.(2004); Woollett and Maguire (2011); Scholz et al.(2009); Lerch et al.(2011).
2. Harty et al.(2014); Shekhar and Rahnev (2018).
3. Hester et al.(2012); Hauser et al.(2017); Joensson et al.(2015).
4. Cortese et al.(2016); Cortese et al.(2017).
5. Carpenter et al.(2019).
6. Sinclair, Stanley, and Seli (2020); Max Rollwage, Philippa Watson, Raymond J.Dolan, and Stephen M.Fleming, "Reducing Confirmation Bias by Boosting Introspective Accuracy" (in prep).
7. Cosentino (2014); Leary (2007).
8. 實驗室結果支持這種直覺。精密的實驗顯示，看過螢幕上一閃即逝的物體（例如字母或許多特定方向的線條）的受試者只有辦法記得並回報其中部分的物體。這個結果並不令人意外，因為我們同時記得多樣事物的能力本來就有限。但驚人的是，如果要求受試者在螢幕中的物體消失後指認特定物體，他們就有辦法成功辦到。這代表受試者在接受刺激的當下有意識地看見了所有物體，但因為沒有收到要記得各個物體的指示，因此很快就會遺忘。資訊溢出了我們指認物體的能力。Sperling (1960); Landman, Spekreijse, and Lamme (2003); Block (2011); Bronfman et al.(2014).
9. Phillips (2018); Stazicker (2018); Cova, Gaillard, and Kammerer (2020).
10. Lau and Rosenthal (2011); Rosenthal (2005); Brown, Lau, and LeDoux (2019).
11. Lau and Passingham (2006); Michel and Morales (2020); Panagiotaropoulos (2012).
12. Del Cul et al.(2009); Fleming et al.(2014); Sahraie et al.(1997); Persaud et al.(2011).
13. Chalmers (2018); Graziano (2019).
14. Dehaene, Lau, and Kouider (2017); Schooler (2002); Winkielman and Schooler (2009).
15. LeDoux (2016); LeDoux and Brown (2017).
16. La Berge et al.(1981); Baird et al.(2018); Dresler et al.(2012); Voss et al.(2014); Filevich et al.(2015).
17. Baird et al.(2014); Fox et al.(2012).
18. Schmidt et al.(2019); Van Dam et al.(2018); Di Stefano et al.(2016).

高階覺察：
幫助思考與學習的後設認知，更加理解自己與他人，且能解釋未來的複雜決策

Know Thyself :
the Science of Self-Awareness

作　　者　史蒂芬・弗萊明 Stephen M. Fleming
譯　　者　李偉誠
行銷企畫　劉妍伶
責任編輯　陳希林
封面設計　李東記
內文構成　陳佩娟

發 行 人　王榮文
出版發行　遠流出版事業股份有限公司
地　　址　104005臺北市中山區中山北路1段11號13樓
客服電話　02-2571-0297
傳　　真　02-2571-0197
郵　　撥　0189456-1
著作權顧問　蕭雄淋律師

2022年07月01日 初版一刷
定價 平裝新台幣380元（如有缺頁或破損，請寄回更換）

ISBN　978-957-32-9628-7
遠流博識網　http://www.ylib.com
E-mail: ylib@ylib.com

Know Thyself : the Science of Self-Awareness by Stephen M. Fleming

圖書館出版品預行編目(CIP)資料

高階覺察：幫助思考與學習的後設認知，更加理解自己與他人，且能解釋未來的複雜決策/史蒂芬.弗萊明(Stephen M. Fleming)著；李偉誠譯.
-- 初版. -- 臺北市：遠流出版事業股份有限公司, 2022.07
面；　公分

譯自：Know thyself : the science of self-awareness.
ISBN：978-957-32-9628-7　(平裝)

1.CST: 後設認知學習 2.CST: 學習心理學

176.343　　　　111008596